나는 너무 오래 죽어 있었다

서화성 시집

시인의 말

밖은 햇살이 장렬하게 내리친다
야호, 여름이다
아닌가 겨울이다
대문 앞에 쌓여 있는 신문 같은 것
산더미처럼 밀린 독촉장 같은 것
압류딱지 같은 것
그래도 나는 시를 쓰고 있다

2025년 어느 가을날
서화성

차 례

● 시인의 말

제1부

갈대 —— 10

집착 —— 11

중독 —— 14

명륜동 —— 16

나와 어울리지 않는 나의 색다른 취향 —— 18

씨발, 씨발 —— 20

탯줄 —— 23

얼었어요 —— 24

등 —— 26

매화꽃이 피다 —— 28

말랑한 잠 —— 30

문신 —— 32

기다리는 내내 —— 34

제2부

나일 거라는 생각 ─── 38

나무들 ─── 41

거미 ─── 44

비 온 뒤, K ─── 47

환승역 ─── 50

기상정은 맛집이다 ─── 53

발의 천국 ─── 56

저녁의 이유 ─── 58

광장 ─── 60

핑계 ─── 62

키스 ─── 64

키가 자라서 ─── 66

지난날 ─── 68

제3부

나귀 ——— 72

비워 둔 집 ——— 73

y에게 ——— 76

찰나 ——— 79

무인도 ——— 82

달력 ——— 85

동지 ——— 86

글 냄새 ——— 88

손톱 ——— 90

당신은 ——— 93

눈맛 ——— 94

피카소 m과 M ——— 96

밥을 먹는다 ——— 100

제4부

생각을 더듬다 —— 104
상상나무 미술관 —— 105
합성동 행복 대합실 —— 108
정오 —— 110
구겨진 엽서 —— 112
이상한 중국집 —— 115
소년과 J —— 118
때 —— 121
좁은 방 —— 124
그런데 —— 126
빨래 —— 129
시간을 죽이는 여러 가지 방법 —— 132
다시 아침이 온다 —— 134
유령들 —— 136

▨ **서화성의 시세계 | 임봄** —— 139

제1부

갈대

불길했던 밤이 지나가네

작은 술집에서 들었던 박수와 함성은

오랜 침묵을 만들었네

늦은 밤, 대로변에서 오줌을 갈기는 여자

자유를 찾아 떠나는 여자

물푸레나무 같은 여자

사는 게 죽은 꽃 같다며

당항포 굴다리 밑으로 파고드네

시끄러운 바람이 갈대처럼 흔들리네

갈대가 죽은 좆처럼 누워 있네

집착

버리지 못하는 건
아마도 병중에서 무서운 중병이라고 들었다

집착이 없어지면 죽는다는 병
집착을 맹신처럼 믿었던 냄비와 모자와 그릇과 수건
운동화와 셔츠와 가방과 안경과 외투……
시커멓게 타버린 밥통을 문질러 광을 내는 병

물이 새는 고무장갑
비린내가 사라진 액젓
파란색이었던 흰 청바지

고집이 하수구를 막아 물이 내려가지 않는다
더부룩한 속이 계속해서 헛구역질이다

고인 물은 썩어서 악취를 만들고
악취는 고집을 만들고
고집은 집착을 만들고

집착은 초콜릿처럼 달다

쉽게 낫지 않는 방광염처럼
스멀스멀 올라오는 분노처럼
구멍이 막혀버린 집착은 메아리다

십 년이 지났다
이십 년이 지났다
삼십 년이 지났다

집착을 버리려고 가구 백화점에 간다
걸음이 느리다가 멈춘다 그리고 빨라진다
언제나 한결같은 집착

기울어진 책장
+가 없는 계산기
근육 강화제
뭉쳐 있던 근육이 젖은 빨래를 짜내듯 빠진다

불면증에 좋다는 약을 박스째 주문이다
클릭, 클릭, 클릭, 우 클릭, 좌 클릭
잠이 보약이라는 거짓말

땡동, 땡동, 땡동
문 앞에 두고 갑니다
부재중이니 경비실에 두고 갑니다

철이 지나 유통기한을 버리지 못하는 병
향기가 빠진 마릴린 먼로의 향수처럼

현관에서 뒤뚱뒤뚱
뒤꿈치 들고 살금살금
안방에서 사뿐사뿐

지뢰밭 같은
먹물이 지워진 날짜들

욕심이 질긴 쇠심줄 같은 병
버리지 못하는 병
집착을 달고 사는 게 병인가 보다

중독

보고 싶은 것을 못 보는 것은 중독이야
중독 중에서 심한 중독이거든

무슨 이런 중독이 있을까 싶다가도
통풍이 심해 외출을 꺼리던 남자는
삼립 호빵을 뜯어 먹고 채널을 돌렸지만
통풍에 좋다는 광고는 나오지 않았어

통풍도 중독이지
잊을 만하면 다시 살아나는 수수께끼처럼
풀리지 않는 하루
누구는 중독이 피보다 진하다고들 하지

모르핀처럼 끊을 수 없는 중독
쨍쨍한 날에 햇살이 중독이야
익숙하지 않은 길이 두려워 돌아서 갔던 길

장례식장 가는 길은 슬픈 중독
불안한 중독

아픈 중독

무서운 중독

……

소리가 중독처럼 들릴 때

외로움이 가까이 있다는 것

한동안 문을 닫은 숙이네 곰탕집

뼛속에서 중독이 되어버린 맛

앞서거니 뒤서거니

뒤죽박죽 우당탕탕

중독은 요란하거나 시끄럽지 않아

조용히 찾아와서 천천히 물들고 적시거든

그게 중독이야

나도 모르게 중독이 되어버렸어

중독이야

온몸이 중독이야

명륜동

그사이에 웃는 일이 가끔 있었다
아주 가끔은 그랬다. 일단 그 일은 좋은 일이라고 하자

반갑지 않은 손님처럼
추위만큼 이별은 매서운 것
그동안 살았던 너와 이별했다 아니다, 내가 버렸다
그날부터 슬픔으로 덮었던 이불을 차곡차곡 개는 버릇이 생겼다
너와 가는 내내 눈이 쌓이고 쌓여서 눈사람이 되는 슬픔
추위에 못 이겨 슬픔이 달아날까 봐 문고리가 꽁꽁 얼었다

너는 언제나 그렇지 아니다, 그랬다
날씨가 무던히도 뜨거운 날
당신을 업고 벚꽃이 만발하던 벚꽃 동산에 올라가기도 하고
동해 바다가 구름처럼 밀려오는데도 너는 달렸어
개나리와 해바라기가 피고 국화와 동백이 지고
어디든 갔었지 아니다, 갔었다. 너는

아주 가끔은 다리 하나가 빠지기도 했지만
그래도 행복했어 아니다, 행복했지 라고 웃었다

용광로처럼 펄펄 끓는 변두리 대학 병원 응급실
갈 때마다 돌아오는 길은 너무나 멀었다
가끔은 해가 뜨고 있었지, 그랬어

내 몸에 질긴 부적처럼 붙어 다녔다
당신 손을 잡은 그때는 세상살이가 수월하지 않았어
바람 같았다 아니다, 순간이었지 아니다, 청춘이었어
당신은 벚꽃을 찾아 아주 멀리 떠났고
눈물을 짜내는 일이 두 번은 있었고 아니다, 있었다
일단 그 일은 좋은 일이 아니라고 하자

매일 같이 먹던 밥솥도 버렸다
밤이면 피가 거꾸로 돌아 몇 번이나 잠에서 깬 적이 있었고
우두커니 바닥에 엎드려 어둠이 지나가는 것을 지켜보았다

나와 어울리지 않는 나의 색다른 취향

 토마토가 붉다는 정의는 나와 어울리지 않는 취향이다
 나는 토마토를 좋아하지 않았고 토마토 역시 취향이 아니라고 나를 좋아하지 않았다
 색깔이 중요하다는 취향
 빨갛다는 취향

 나는 말을 모으는 취향이 있다고 했다
 은유를 몰랐고 직유를 만들지 못했고 말은 막힘이 없었고 말에서 진 적이 없다고 했다
 그래서 헤어지는 연습이 필요하지 않았다
 언어에 민감했고 감정에 익숙했고 시력에 약하다는 단점이 있었지만 취향은 같을 수가 없다는 말처럼 나의 색다른 취향을 알았다

 나는 달리기를 쉬지 않고 달리는 취향이 있다고 했다
 달리면서 무슨 취향을 꿈꾸다가 코스를 벗어나 달렸다고 했다
 길을 잃은 아이처럼 달렸고 일정한 직선은 내 취향이 아닌 것을 알았고 계속해서 달렸다

개구리, 다람쥐, 참새, 잠자리, 개, 수박, 참외, 배, 포도
……

한동안 기록 싸움에서 진 적이 없었다 했고 그날은 등수 밖으로 밀려나 운동을 그만둘까, 생각한 적이 있었다

잘 익은 수박은 둥근 여름이 취향이고 수박은 여름이라는 명제가 어울리는 취향이다

나비의 날갯짓

장맛비

나는 수박이 잘 익은 마을에서 여름을 보내기로 했다

눈에 좋다는 토마토를 박스째 들고 가는 나와

유독 땀이 많아 수박을 통째로 먹고 있는 나는,

씨발, 씨발

요즘처럼 살았던 날이 없었어
산다는 건 힘든 일이지, 낙타가 바늘구멍에 들어가는 것처럼 말이야
숨 쉰다고 다 살아있는 건 아니지
안 그래. 씨발, 씨발

피곤이 잔뜩 묻은 슬리퍼를 질질 끌고 새벽시장에 나온 여자

꼬깃꼬깃한 호주머니에서 손가락이 놀고 있었어
자리다툼을 하듯 꼼지락거렸지
얼음 같은 입김에 추위가 가시지 않는다며
이런 씨발, 씨발

말꼬리마다 뚝뚝 튀어나오고 옆 사람은 온데간데없었어
어디서 총에 맞아 죽었다는 사람이 있다고 들었어
이런 세상에. 씨발, 씨발

어쨌든 우리가 살붙이고 피붙이고 얼굴 붉히며 살고 있

잖아

81번 버스가 지나가고 57번 버스가 지나갈 때
둘째 주 오후는 거북이처럼 느릿느릿 가고 있었어
이러다가 뜻밖에 저녁이 오겠지
씨발, 씨발

난데없이 몸속에서 용종 몇 개가 자라고 있다는 거야
허락도 없이 제 집처럼
그게 전부는 아니었어
말로 다 하면 내 입만 아프잖아
이런 씨발, 씨발

입에 가득 가래침을 모아서 세상에 뿌리고 싶었어
듣지도 먹어보지도 못한 약이 갈수록 수북했어
어찌하겠어, 두 눈 꼭 감고 물 마시듯 한 뭉치 삼켰지
이런 씨발, 씨발

용기도 없이 말뿐인 세상에
욕다운 욕인 줄을 알았는데

그게 전부는 아니었어
숨어 있는 내 안에서 부글부글 끓고 있었지
씨발, 씨발

오물투성이
벌거벗은 몸뚱어리
수도꼭지에서 씨발, 씨발이 쉴 새 없이 흘러나왔어

한번은 비누로 씻었어
한 번 더 비누로 씻었지
멈추지 않는 거야
이런 씨발, 씨발

누구는 속 시원하게 말하지도 못하고
여기서 씨발, 씨발
저기서 씨발, 씨발
퇴짜맞은 애인에게 욕이라도 퍼부으면 하는 골목길에서
씨발, 씨발

탯줄

나는 너무 오래 죽어 있었다

인연의 끈을 끊었다

얼었어요

이제 그만 쓸까요
겨울다운 겨울이 온다고 하늘이 얼었어요
사람들은 어디로 갔을까요
그렇게 소리쳤는데 소리가 얼었어요
어떻게 걸었는지 모르겠어요
눈이 빠진 사람
눈이 내리는 사람
거리에 창녀는 오늘 밤 한 남자를 기다렸어요
얼어버린 창문을 열고 창녀는 울었어요
눈을 맞으면서 말이에요
한때 잠을 설친 적이 있었어요
고질병처럼 허리가 아팠어요
통증에 좋다는 파스를 붙일 수가 없었어요
먹지도 못하는 라면을 두 개나 끓였어요
계란도 풀고 맛있는 햄도 살짝 넣고 말이에요
과식하지 않겠다고 뚜껑을 덮었어요
입이 얼었어요
눈이 얼었어요
무엇을 할까요
오늘은 〈해변의 카프카〉를 읽고 바다가 얼었어요

일을 마치고 나서 주말은 바빴어요
창녀가 된 것처럼 마트를 기웃거리고
생선가게를 기웃거리고 책방을 기웃거리고
점원이 깍듯이 고개를 숙이네요
머리가 빨개지고 당황스러워 어쩔 수 없었어요
그냥 멍하니 얼었어요
여기저기 구경하다가 한 여자를 만났어요
여자가 투명해지는 날
마트에 가고 생선가게에 가고 책방에 가고
그러다 다른 여자를 만났어요
여자는 라면을 먹는 취미가 있다고 했어요
두 개나 먹었는데 몸은 불어나지 않았어요
몸이 얼었어요
창녀가 얼었어요
글자가 눈에 들어오지 않았어요
봄이 온다고 난리네요
이제 그만 쓸까요
아직 할 말이 많이 남았는데
허리가 아파요 쉬, 다른 여자가 들어와요

등

등에서 나온 사람이 있다
등이 굽은 채 기어다니는 사람이 있다
바닥에 등을 밀고 다니는 사람이 있다

낫처럼 휘어진 등
아픔에 눌린 등
엿가락처럼 늘어난 등

바닥으로 들어가는 사람
바닥에 진심인 사람
걱정이 마르지 않은 사람
가슴에 골이 깊은 사람

바닥이 깊을수록 바닥이 되는 사람이 있다
선암사 홍매화가 피는 것처럼
걱정 없는 일을 등에 지고 바닥을 닦는 사람이 있다

설령, 바닥만을 닦는 것이 아닐 것이다
지나온 생을 닦고 있을지도 모를 일이다

운명이여
영혼이여
사랑이여

기어다니는 일이 습관처럼 되어버린 사람
핏줄이 터져 무릎에서 붉은 생生이 돋아나는 사람
수행자처럼 바닥과 말하는 사람

순간, 등이 휘청이다가 멈춘다

외로운 등
그리운 등
바닥과 오체투지 중인 사람이 있다

매화꽃이 피다

평생을 두고 두 손에 꼽을 일이다
손 모양은 알겠는데 손맛은 알 리가 없다

손잡는 일이 죽기보다 싫은 손
무슨 팔자처럼 기가 센 손

저녁 밥상을 물리고 해거름 녘
동네길 따라 꽃구경 가자고 떼를 쓰며 보챘다
한사코 싫다는 말을 내뱉었으며
절레절레하면서 몇 발짝 앞서거니 뒤서거니 했다

용기를 내서 손을 잡을라치면
민들레와 달맞이꽃이 무슨 일처럼 화들짝 놀라고

냉기가 돌아 쌀쌀맞은 손
차가운 손
내성적인 손
손, 손, 손이 아닌데
나 모르게 봉선화 문신을 했나 싶기도 했다

지난번 보다 남은 신문 기사를 읽는다
글자가 희미하게 보였다가
세 개로 보이다가 두 개로 보였다가

그럴 수가 있겠지, 무관심하듯 사나흘 잊고 살았다
그러는 동안 새롭게 문을 열거나 간판을 내리기도 했다
벤치에 앉아 쉬는 일이 종종 있었고
어쩔 수 없이 돌아오는 토요일
글자가 잘 보인다는 시원한안과를 찾아간다

두꺼운 금테 안경을 쓴 안선생
이 검사 저 검사로 반나절을 보내고
단순히 노화 때문이라며 길을 건너 때는
옆 사람 손을 단단히 잡으라고 신신당부했다

병원 앞 건널목,
참았던 울음을 터뜨리듯 울퉁불퉁한 손이 왔다
손에서 아리따운 매화꽃이 피어난다

말랑한 잠

말랑했던 귤이 하루를 못 견디고 물컹해졌다

바람 빠진 풍선처럼 줄무늬 주름이 생기고

노란 진물이 손가락 끝에서 터져 나왔다

마치 진득해진 고름처럼

변덕스러운 날씨 때문일까

해독되지 않는 질문과

앞뒤가 뒤섞인 대답

손가락 사이로 구름을 만들자고 했다

원래는 하얀 구름이 아니고

노란 구름이라는 속설을 믿은 적이 있었다

못했던 말이 뭉개진 근심으로 물었다

무슨 대답이 없는 질문이었다

사람 속을 모른다는 말

까보지 않고는 알 수 없는 말

미각이 충실하지 않은 질문이었고 대답이었다

실어증과 두려움

고달픔

시를 읽기로 마음먹고 시를 쓴 적이 있었다

노트와 시집을 사러 밖으로 나갔던 일

읽지 않은 소설이 다섯 권 있었고
읽다 버린 시집이 일곱 권 있었고
운명을 받아들이기에 너무 멀리 와 버렸는지 모르겠다
오줌보에 눌려 잠에서 깨는 버릇이 생기고 나서
밤과 시는 친해졌다
물컹해진 귤을 까먹다가 질문이 궁금했고
한동안 납골당에 가는 일을 잊어버렸다고 했다
물렁물렁해지고 말랑해지는 말
돌아오는 길에 청도집에서 추어탕을 먹었다
속이 궁금해질수록 시를 읽기가 좋았다
가끔은 그런 날이 있었다

문신

생각만 해도 아찔한 일이 몇 번은 있었다
그때마다 너를 뒤적거리다가
제목을 오려서 머릿속에 넣는다

누에고치 실 뽑아내듯
하나하나 모르게 끄집어낸다

잠꼬대를 그렇게 심하게 하느냐며 타박을 들었고
나는 그래도 괜찮았다
그냥 그렇게 나는 웃을 수 있었고
잘록한 허리는 잘 빠진 기린 목 같았다

웃는 이유가 궁금하다는 너와 나는 거리가 있었다
아무 일이 없었다는 변명을 두고
너는 그곳에 있었다

오늘 밤은 너를 생각한다
기다림이란 책으로 치면 두께를 가늠할 수 없는
장편소설은 되지 않을까

어느 날, 밤이 문틈으로 도망갈까 싶어
문종이를 겹겹이 부친 적이 있었고
문신처럼 몸에 새기기도 했다

계속해서 웃는 버릇이 생겼다고 너에게 말할 것이다
아무 일 없다는 듯이 너를 만날 것이다
키 작은 언덕
생각만 해도 즐거웠던 일이 여러 번 있었다고 제목을 달 것이다

이런 날이 얼마나 오래 갈까마는
때로는 너를 생각할 이유가 필요했고
마지막까지 나는 견뎌내야 했다

그곳에 없을 거라고 한 너는
계절 하나가 없어지는 것보다
더한 그리움이 있을 거라고 했다

기다리는 내내

하루가 십 년 같았다
상대적으로 없던 설움이 정수리까지 치고 올라왔다
더는 말을 들을 수 없었다

가슴이 터질 것 같은
무서운 심장이여
내가 소망했던 여자여

어쩌면 돌아오지 못하는 계단을 보고 있을지도 모르겠다
말라버린 삶
잃은 것과 잃어가는 것

낯선 길에서 만난 사람들
검은 마스크를 하고 알지 못하는 묵례를 한다

한동안 잊고 지냈던 2204호의 고독사
1807호
405호
2119호

쉬쉬하면서 아파트 주위를 도는 늙은 고독사들

할 말을 다 해야 직성에 풀린다는 2608호
아파트값이 떨어질까 걱정하는 1403호
윗몸 일으키기와 처진 뱃살에 투덜대는 609호

어제는 아름다웠다고
내일은 아름답지 않은 오늘이라고
누구는 골목 모퉁이에 쪼그리고 앉아 며칠 밤을 보냈을 것이다

발소리가 가벼웠던 날은 언제였던가
족쇄처럼 묶인 절벽
날은 춥고 저녁이 빠져나갈 때

깜깜한 어둠을 두고 커튼을 치고 밤을 차단했다

밤이 지나가는 동안에
우주의 행성 몇 개가 사라지고

새로운 생명체가 태어나고
수많은 여자와 만나고 헤어진다고

끝이라는 말
여전히 진행형이고 끝이라고 말하고 싶은

추위를 타지 않던 그날은 입술이 떨리고 머리가 차가웠다
그곳에 가는 내내 말하는 법을 잊어버렸다

무슨 말이 좋을까, 이런 고민을 하다가
11시 30분, 심장이 뛰기 시작했다
메말랐던 눈물이 폭포수처럼 콸콸 쏟아져 나왔다

제2부

나일 거라는 생각

평범하게 사는 법

오늘을 돌리는 조간신문 배달부가 내가 아니고 당신일 거라는 생각
무거운 짐을 안고 이 집에서 저 집으로 구멍으로 들어가는
당신이 아니고 나일 거라는 생각

사람 위에 사람 있고
사람 아래에 사람일 거라는 생각

월급날은 통장에서 찍히는 만질 수 없는 숫자
잠시 스쳐 가는 숫자가 숫자일 거라는 생각
눈 깜짝할 사이에 없어지는 숫자가 나일 거라는 생각

칠월은 다행스럽고 오월은 행복이 아니고 행복일 거라는 생각

우리는 우울증 환자
병명을 모른다는 우울증이 변명이 없는 우울증이라는 생각

사표를 던지고 싶은 날은
'참을 인' 자를 하루에 열 번을 고민하는 생각
고민은 중얼거리는 생각이 아니고 소리치고 싶은 생각

내일은 사과가 삼천 원
어제는 사과가 천오백 원
물가는 물가가 아니고 물가다워야 한다는 생각
때리고 때려도 두더지처럼 대가리를 쳐드는 생각

잉크가 마르지 않을 정도에 찾아가는 허름한 소줏집
흙먼지와 술잔이 뜨거운 눈물일 거라는 생각
비틀거리는 몸은 당신이 아니고 나일 거라는 생각

도시 아파트는 늙은 늑대
외로워서 우는 내가 아니고 당신일 거라는 생각
불이 꺼지지 않는 생각

개처럼 짖어도 개 같은 생각이 아닐 거라는 생각

길이 없는 길을 헤매다가 굽어진 집을 찾아가는

당신이 아니고 나일 거라는 생각

나무들

빌딩은 아지트다

밖에서 보면 그렇게 고요할 수가 없다
거대한 투쟁
한 줄기 빛
일말의 흔들림이 없다

누가 왔다 갔는지
누가 사는지
누가 말하는지 모른다

빌딩은 나무다
나무는 누구인지 알 수가 없고
어디로 가는지 알 수가 없고

고요하다
외롭다

나무가 나무를 건너는지

나무가 나무와 접을 붙이는지
나무는 나무를 알 리가 없다

그늘을 피해 나무들이 빌딩에서 나온다
살구나무, 자작나무, 참나무, 은행나무, 버드나무, 대나무
……
머리를 굴리면서 라라라
나무가 날개를 펴고 날아다닌다
호로로 삑삑
택시가 뒤뚱거린다

나무가 춤을 춘다
나무가 포옹을 한다'
나무가 하품을 한다

3층에서 자라던 나무는 15층에서 자란다
여섯 시다

가로등이 나온다

망고가 나온다

코스모스가 나온다

달빛이 나온다

단물을 빨아먹듯 빌딩은 뼈마디만 남는다

속이 빈 강정이다

거미

쌀통을 열지 않았다
며칠 굶은 납작한 뱃가죽이 압류딱지처럼 붙어 있다

두꺼운 비곗덩어리
구석에 모서리
먹이를 놓친 수사자처럼 웅크리고 있는 방

맑음 소개소에 맑음이 없고 구름 낀 신발들이 추위에 떨고 있다
줄이 끊어진 대기표
그리운 놀이터
떠도는 사람들

오늘은 가장 긴 한숨을 어깨에 메고 갈 것이다

밥심인 시절
굶주린 배를 채우기 위해 목이 갈라지고 목이 터지도록 가난한 노래를 불렀던 적이 있었다

햇살이 몸을 적시는 오후 두 시,
호기심은 두려운 존재가 아니었다
이별은 따뜻했고 만남은 두려웠다
이야기는 위기가 있었고 결말은 없었다

쌀벌레가 득실거릴 날이 언제였을까, 물었다
노동은 그다지 뜨겁지 않았고
여름, 차가운 방에서 하루 종일 거미를 관찰했다

전래동화를 읽은 나는
쌀통으로 들어가 쌀이 되어 나왔다
쌀은 기어다니고 거미는 그림자놀이에 한창이다

떨리는 감정을 숨기고
아닌 건 아니라고 말하고 싶었어

그날은 약속을 버리고 혼자 있는 버릇이 생겼지
캥거루 속에 캥거루처럼 말이야

올해의 숙원사업이라고 들었던 몇 년
박물관을 지을 거라며 레미콘이 줄지어 있었다
빨랫줄처럼 늘어선 식당

쌀통은 열리지 않았고 굳은살이 박힌 발바닥은 딱딱했다

새로운 일을 쉽게 만들 수 없다는 말에
이사를 열두 번이나 했지, 뭐야. 이런 제기랄

비 온 뒤, K

K는 운동장이다

한낮에 뛰놀던 아이는 밀린 숙제를 남겨 두고 돌아오지 않았다
그림자를 두고 간 아이가 있었고
웃음을 두고 간 아이가 있었고

아이들이 바다에 갔다는 이야기가 소리 없이 돌았다
아이들이 돌아올 거라고 믿는 K
해가 지고 그림자는 목을 빼고 기다렸다
K는 웃음을 잃어가고 있었다

오늘은 무슨 날인지 몰랐고
벌써 몇 달이 지났는지 몰랐다

실종신고서가 산더미처럼 쌓였다고 투덜대는
면서기 윤씨의 전화를 받고 나서 바다에 갈 수 없었다
집에 남은 남자는 K를 도는 날이 많았고
몇 바퀴를 돌았는지 몰랐다

다 퍼줄 것만 같은 K

남자는 비를 맞으며 K를 돌았고

바다는 간간이 출렁이다가 잠잠했다

어느 날은 바다를 삼킬 것만 같은 K

돌아오지 않는 아이를 기다리는 애달픈 곡조일까

바다에 보낸 편지가 슬퍼서 우는 걸까

바닷물이 짠 이유를 그때는 몰랐다

한때는 세차게 불다가 멈추지 않았고

눈물이 바다를 채우는 날이 많았다

K 속에 바다

눈물에 얼룩진 K

비 온 뒤, 다음날 바다는 천사의 탈을 쓴 악마 같았다

갓 빗어낸 검은 머리 같았다

깨끗한 수채화처럼

조용해진 K

아이를 기다리던 K는 바다에서 나오지 않았다

환승역

저승과 이승 사이에
환승역이 있다

그곳에 당신이 있고 우리가 있고 내가 있다
저승 가기 전에 잠시 머문다는 그곳
이곳이 아니고 저곳이 아니고 천국이 아니고 지옥이 아니고
왼쪽이 아니고 오른쪽이 아니고 질서가 혼돈된 그곳

나무아미타불도 아니고
할렐루야도 아니고

병들어 가는 그곳
우리가 지워지는 그곳
희망과 용기를 포기한 그곳

환승역에서 후회와 슬픔을 만들고
슬픔 위에 슬픔

오늘은 2054년 12월 31일

15살 — 3명
29살 — 5명
45살 — 7명
60살 — 28명
78살 — 152명
91살 — 197명
102살 — 250명
132살 — 3,657,000명
157살 — 658,033,468,992명

죽다가 살아난 사람
죽기로 작정하고 살아가는 사람
죽을 만큼 사는 사람

혈관이 쪼그라들지 말라고
피 터지는 전쟁이 날마다 일어난 데도
깜짝깜짝 뉴스에 놀라지 말라고

몸에게 반성하는 시간

절망이라는 후회

무슨 약일까, 어디에 좋을까, 언제쯤 끊을까

송내과의원

성비뇨기과

박정신과

서서 죽은 사람이 줄을 선다

앉아서 죽을 사람이 줄을 선다

우리는 통조림이다

우리는 비둘기다

우리는 돌멩이다

오늘은 만차다

다음 환승할 역은

기상청은 맛집이다

낮 종합뉴스를 듣는다
시시때때로 입맛이 달라서 맛을 알 수가 없다

시락국이 맛있는 집
간장게장이 맛있는 집
믿음과 용서가 가벼워지는 순간

길 위에서 길을 묻는다
어디로 갈까요, 저기로 아니면 여기로
한번은 심각한 선택 장애를 앓았을 때
여기서 멈출까요

호떡집에 불난 것처럼 사람들이 동이 났어요
재건축 사무실에서 말들이 돌아다녀요
12층 난간에 매달려 목숨을 던지려는 사람
인간이기를 소원한다는 맹세를 믿으며

아, 이 집이 아니고 저 집이랍니다
저 집도 아니라고요, 도대체 어떤 집인가요

시락국인가요, 간장게장인가요

눈부신 날씨에 짧은 치마가 어울리지 않아요
계속해서 눈을 뜰 수가 없어요, 어디로 가야 하나요
벼락을 동반한 천둥이 여긴가요, 저긴가요
긴급의약품 수송차량이 불법 유턴 중입니다
이층집이 둥둥 떠다니고 있습니다

비를 흠뻑 맞은 캐스터
날씨가 맑아야 한다는 법은 사전에 없어요
하늘이 추상적이네요, 고질적인 무릎 통증이 사라졌어요
나들이하기에 좋은 계절이 왔습니다

들고양이가 숨을 곳을 찾아 헤집고 다녀요
알록달록 지붕들이 줄지어 달려가요
햇볕은 쨍쨍한데 기억이 가물가물해요
강한 비바람에 우산이 날아다닙니다

도대체 맛집은 어디일까요

시간에 따라 바뀌는 날씨처럼

입맛대로 말하는 기상청은 맛집이다

발의 천국

크고 작은 발

발, 발, 발

국수를 말아 먹는 발

안경을 쓰고 책을 읽는 발

졸고 있는 발

정류장에서 발이 발을 기다린다

발의 주인을 찾습니다

발, 발, 발

동동거리는 발

속삭이는 발

발, 발, 발 무슨 발

발, 발, 발 누구의 발

어디 어디 숨었나

식당에서 둥둥둥

노래방에서 둥둥둥

카페에서 둥둥둥

발의 주인을 찾습니다

빨갛게 익은 발

누런 발

퉁퉁 부은 발

발, 발, 발

발이 발에게 안부를 묻는다

발이 발에게 사랑을 속삭인다

발이 발보다 앞서거나

발이 발끼리 부딪히거나

다투는 발이 없다

발, 발, 발

골목처럼 길어진 발

지친 발

잠꼬대하는 발

발, 발, 발

저녁의 이유

지루한 거리였다
노을이 섞이지 않은 저녁
지루하게 걸었다

바게트가 맛있는 슈베르트 빵집 '마왕'
마이클 스타이프의 '얼터너티브의 영광'

오늘은 다른 빵 냄새를 맡았고
내일은 같은 빵 냄새를 맡을 것이다

저녁이 비듬처럼 달라붙은 남자
자전거를 타는 여자
훌라후프를 돌리는 남자

지루하게 수다를 떨며 걸었고
후회와 근심이 파스처럼 시큰거리고 아팠다

여기가 어디인지 어딜까 물었고
그러다가 그러나라는 대답을 하고
다음이라는 이유를 물었다

아침에 있던 열차는 어디로 떠나고 없었다

지루하게 말을 거는 남자
지루하게 말을 하는 여자
지루하게 웃고 있는 여자
지루하게 물고기자리를 찾아 걸었다

이유를 묻지 않았다
이유를 물을 생각이 없었고
이유가 없다는 이유

빗나간 약속처럼
지루한 저녁
저녁 밖으로 밀려난 거리

지루한 거리를 지루하게 걸었다

광장

광장에는 찾아오는 제비가 없었다

납작해진 치약을 몇 번이나 더 짤 수 있다며
보물 아끼듯 아끼는 여자
집게를 물리고 입을 벌리는 여자
열심히 목구멍을 닦는 여자

이번 주말은 시청 앞 광장에서 보낼 생각이다
떠도는 해와 달을 불러 심심하지 않게 놀 생각이다

집회가 열리는 광장
며칠째 수염이 덥수룩한 남자의 말을 주워 담을 것이다
빨간색 넥타이는 찢어진 천막을 이기지 못할 것이다
사람들이 먹구름처럼 몰렸다가 광장에서 사라질 것이다

제비가 박씨를 물고 올 거라는 소문이 파다했고
사람들은 소문을 찾을 거라고 바구니를 들고 다녔다
바람맞은 사람처럼 여자는 소문을 기다릴 거라고 했다
어디선가 바람이 불었고

바스락거리는 낙엽이 뿔뿔이 흩어졌다

장마가 온다는 것은 여름이 멀지 않았다는 소문
무소식이 희소식처럼 두근거린다는 소문

미운 정이 들까 봐 감기를 달고 사는 여자
제비를 기다리듯 소문을 기다리는 여자
지난밤 중앙선 넘어오던 트럭에
광장 같은 우체부를 떠나보내고 소문은 궁금하지 않았다

여자는 광장에 있었고 기다리는 소문은 없었고
바람은 멈추지 않았고
작년에 이어 집회는 계속해서 열렸다

제비를 볼 수 없었고
하늘은 뿌옇다가 다시 파랬다

핑계

 어쩌다 미룬 일이 있었지 핑계는 없었어 핑계 없는 무덤, 서쪽에서 해가 뜬다 해도 핑계는 없을 거야 핑계는 무덤을 낳고 무덤은 핑계를 낳는다지 핑계와 무덤은 닮았을 거야 핑계 삼아 하는 말이 무덤을 만들지 언제부터 말이야 참 이상한 일이 있지 알면서도 모르는 무덤이 너무도 많지, 안 그래

 약속을 하고 핑계를 찾았어 그런 핑계가 당신인 줄 몰랐어 핑계가 생각나지 않았거든 핑계는 핑계가 아니야 우리가 자주 가던 공원이 어디에 있을까 박물관 옆일까 호숫가 앞일까 거미줄처럼 엉켜버린 핑계, 핑계를 찾는 핑계를 모르겠어 핑계가 아니라서 핑계를 몰랐어 마지막 버스에서 가방을 두고 내린 것처럼 핑계가 아니라고 당신이 말해주지 그랬어

 일기예보는 진실했어 핑계처럼 성실했어 아니지 친절했어 입맛이 돌 때 먹는 게 좋을 거라고 했어 맛은 알 수 없는 핑계, 핑계가 있을 때 지금이 제일 맛있다고 했어 맛이 어때 맛이 없으면 핑계는 없어 핑계가 없었고 핑계는 없었어 그

날은 핑계가 없었지

  전화가 오다가 만 거야 작년에 멀리 떠난 소설가 박선생이었어 핑계를 궁금해하던 박선생은 심한 불면증을 앓고 있었지 뜬눈으로 보낸 밤들, 많이 힘들어했을 거야 떠나기 전날, 박선생은 단물이 줄줄 흐르는 수박을 야금야금 먹었던 그날이 그립다고 했어 핑계를 묻지 않았어 그날이 가고 박선생과 핑계가 없어졌어 너도 생각하지 어쩌다 핑계를

키스

키스는 장면이 아니다
마지막 키스를 하고 마침표를 찍는다
애초에 약속된 키스가 아니었기에
감미롭거나 진지하지 않았고
소금물처럼 짜거나 싱겁지 않은 맛
키스를 설명하기에 아름답지 않았다
사람 보기가 귀하다는 무허가 판자촌,
전기장판 하나로 무서운 밤을 보내는 날이
많아질 거라고 했다
단내나는 잔인한 맛
잊고 사는 일은 아무 일도 아니라며
지나간 시절의 운세를 본다
말을 잊어버릴까 봐
대문자처럼 큰 소리로 따라 읽는다
언제부터 해 오던 버릇이라고
입안에서 중얼거린다
사람은 쉽게 변하지 않는다는 속설
때로는 목련처럼
때로는 장작불처럼

그 시절 지나고 나면

넘기지 못하는 알약 같다고

어긋난 약속 같다고

입술이 깨지고 산산조각이 나더라도

쉽게 지울 수 없는 첫사랑인 것을

몰래 먹은 달콤한 산딸기처럼

여전히 달콤한 그런 거라고

볕이 드는 평상에서 낮잠 자는 아이 같다고

키가 자라서

미래가 자랍니다

미래가 자라고 그림 속에 키가 자랍니다

그림이 자라고 미래가 자랍니다

꽃이 자랍니다

꽃밭을 만들고 울타리를 만들고 다섯 시를 만듭니다

그곳은 꽃과 미래입니다

미래가 되어가는 꽃

꽃이 웃습니다

미래가 웃습니다

꽃이 씹을 하는 동안 미래가 자랍니다

꽃이 되어가는 미래

미래가 꽃입니다

꽃이 미래입니다

열매가 열리고 숲이 생기고 정원이 생깁니다

미래가 자랍니다

꽃이 자랍니다

주인이 찾아가지 않은 날씨처럼 말입니다

지난날

라디오에서 어느 가수의 〈지난날〉*을 듣는다
잊지 못할 고백이 홍수처럼
명랑하게
하얗게

지난날, 열병에 아파 본 사람이 어디 없겠는가
별을 쫓아 달려갔던 새벽
눈부신 젊은 날의 시절이 어찌 그립지 않겠는가
푸른빛으로 물들었던 지난날

남몰래 만났던 사랑을 남겨둔 채
뼛속까지 파고들어
안절부절못했던 지난날

사랑에 빠져 가슴을 쳤던 지난날을 듣는다
기억이 끊어질 듯 늘어났다가 감겼다가

신문이 벽을 타고 쌓였다는 건
우유가 유통기한이 지났다는 건

지난날처럼 사람이 그립다는 이유다

생선 가시를 발라 주던 사람
차가운 손등을 어루만져 주던 사람

행복이 지난날에 있었다는 걸 왜 몰랐을까
첫눈을 기다리는 소녀처럼
설레던 마음이 그리운 지난날

떠난 사람은 돌아오지 않는다며
툇마루 끝에서 묵상하듯 들었던 그 노래 〈지난날〉

* 유재하 노래.

제3부

나귀

평생을 등짐 지고 산다지

짐을 내려놓고서야 몰랐던 죽음을 만난다지

비워 둔 집

돌고 돌아서 간 집
얼마 동안 살겠다고 각서를 썼던 집

한때 집은 차갑고 쓸쓸했다
집이 보내온 온도는 먹다 버린 과자 봉지처럼 중요하지 않았고
아침에 먹는 밥은 단단하고 돌처럼 굳어 있었다

구렁이처럼 냉기가 스며드는 집
수국이 어울리는 집
천사가 살았다는 집
집, 여전히 집, 아직은 집

즐겨보던 뉴스는 반갑지 않았고
기쁘거나 슬프지 않았다
언제 썼는지 한 문장 중간이 비어 있었고
끝을 몰랐고 계속해서 문장을 만들고 있었다

일월과 십이월 사이

사월은 외로운 집

까마득한 추억
열일곱 살
해가 저물어 찾아간 집

한때 밤을 지새우던 책상에 나는 없었고
쓰다 만 시
먼지가 된 시
눅눅한 시
병들은 시
……

지난겨울은 너무 길었나 보다
겨울잠을 자듯 집은 고요했고 냉정했다
집에 왔는데 집이 아니었다

개미 한 마리가 문턱을 넘어간다

읽었던 소설이 생각나지 않는다는 사실만으로
집을 학대할 명분은 아니었지만
몇 번째 소설인지 궁금하지 않았다

바뀌지 않는 비밀번호
익숙하지 않은 집
여전히 집이라니까 집

다시 어디에 있을 집
돌고 돌아간 집이었다

y에게

지구는 몸살 중이다

y는 쉴 새 없이 지구를 먹어 치운다
지독하게
야만적이게

아픈 곳을 모르는 y

굶주린 하이에나처럼
시커먼 이빨로 구멍을 내고 깊숙이 쪼아댄다

살생금지구역
자연보호구역

찔러보고 찔러대는 y
생살을 도려내는 y
시뻘겋게 핏물을 삼키는 y

핏줄이 뚝뚝 끊어지기도 하고

썩은 물은 구멍으로 흘러 들어간다
짙은 소음
무단 쓰레기
그럴수록 지구는 몸살 중이다

속병을 앓는 곳에 한 번 더 찔러보는 y
아무렇지 않게 속을 파헤치는 y
구둣발로 꾹꾹 짓밟거나
흙탕물이 넘쳐 허리까지 차오르거나

매서운 눈매
멈춰버린 숨소리

머리를 찔러대고 가슴을 열어보고
뿌리마저 흔들어 놓고는
냉정하게
잔인하게

지구의 지문이 지워지고

가는 곳마다 구멍이다

어디가 아픈지 물을 생각이 없는 y
구멍과 구멍이 뚫린 허리
잘못을 모른다는 y

구멍투성이 지구,
그가 작은 구멍에 죽었다는 사실을 아무도 몰랐다

찰나

삼월은 언제쯤 올까
이 물음에 답을 아는 사람은 없을 것이다

누구는 죽은 꽃에서 열매를 맺는다고 하지만
터널 속에 갇힌 삼월을 누가 기다리고 있을까
보고 싶은 삼월
겨울 동안 앓았던 몸살은 더욱 심했다

바닥까지 마모된 타이어 자국
자맥질하듯 계속해서 발버둥을 쳐야 했고
삼월이 오기까지 겨울은 닳고 닳아야 했다

살짝 피었다 지는 꽃들
한때의 욕망

살 떨린다는 삼월

이유가 있는 사람은 실수가 많다고
했던 말을 잊어 버릴까 봐 동그라미를 그린다

절망, 실패, 고뇌, 시련, 인내, 좌절 ……
사람들은 터널 속에서 삼월을 꺼내고 있었다

근육으로 튼튼해진 삼월

땟국물이 주르륵 흐르는 남자 셋
낡은 벤치에 둘러앉아
새우깡을 두고 술병과 투쟁이다

감기에 좋다는 도라지를 밤낮으로 달여 먹었지만
찰거머리처럼 감기는 오랫동안 낫지 않았다

삼월
그럴 때면 나는 무거운 고민에 빠진다

신이시여
운명이여
여전히 아프고 두렵다

소변줄을 빼고 나서 삼월이 오고야 마는 것을
들꽃이 싹을 돋아 고난을 맺을지라도
어쩔 도리가 없었다

어릴 적 할머니한테 철없이 굴었던 잘못을
용서해달라며 손바닥에서 닭 똥내가 나는 밤
울고 또 울었다

무인도

커피를 마시자던 사람
어디서 본 듯한 사람은 달콤하지 않았어
한번은 만났던 사람

커피는 식어가고
나무가 자라는 방식을 배우기로 했어

말수가 적었던 사람이었지
누구는 듣는 말에 익숙한 사람이라고 말했어
커피에 충실한 사람
맨발에 길들어진 사람

무인도에서 나무를 심자고 했어
국물나무, 밥나무, 시계나무…….
간장나무, 김치나무, 된장나무, 소금나무……

눈물을 가져갈까 했지만
찬성하는 사람이 어디에도 없었어

테이블에 처음 보는 나무가 굴러다녔어
벽걸이 에어컨은 미친 듯이 돌았지

커피를 다시 주문했어
식기 전에 떠날 준비를 끝냈어
TV에서 브라질이 축구를 하는 거야
역시 비니시우스는 강했어

새로운 옷은 적성에 맞지 않았어
새로운 언어와 새로운 규칙을 만들자고 했어
자음과 모음이 중요하지 않았지
찾는 사람은 도서관에 없었어

축구는 후반전을 준비하고 있었어
커~~~피는 브라질, 브라질은 커~~~피
커피가 마구마구 쏟아졌어
카페모카, 칼루아, 아메리카노, 카푸치노, 아라비카 ……

커피를 마시던 선수들은 봄눈 녹듯

달달하게 녹고 있었어

다리가 녹고

팔이 녹고

얼굴이 녹고

나무가 녹고 커피가 녹고 있었어

달력

 남자가 사라진다 연기가 사라지고 비밀이 사라진다 모자가 사라지고 바구니가 사라진다 물고기가 사라지고 고양이가 사라진다 피아노가 사라진다 식탁이 사라진다 저녁이 사라지고 가방이 사라지고 라디오가 사라진다 겨울이 사라진다 남자 8이 사라지고 여자 13이 사라진다 무대가 사라진다 바다가 사라지고 하늘이 사라진다 구름이 사라진다 허수아비가 사라진다 봄이 사라지고 가을이 사라진다 국화가 사라지고 새벽이 사라진다 별이 사라진다 사막이 사라지고 눈사람이 사라진다 무지개가 사라진다 아침이 사라지고 우주가 사라진다 여름이 사라진다 사라진다 사라진다 여자가 사라진다

동지

유달리 포악하고 성질이 사나운 여자처럼
이번 겨울은 그랬다

동지는 추워야 제맛이라는 속설이 있었고
아랫목이 뜨끈해질 때
양말 속에서 비집고 나온 발가락이 따뜻했고
그런 날은 바람난 여자처럼 안정적이고 편안했다

바람은 불지 않았고 길쭉한 바나나처럼 밤은 길었다
창문을 닫고 다시 창문을 열었다
꿈속에서 빠져나온 꿈
나비가 날고 강물이 넘치는 꿈
밥 먹듯이 쓰러지는 녹색 건물을 피해 달렸다

한동안 참을성을 배웠던 밤
학습으로 배우는 법을 배우지 않았고
천국으로 가는 열쇠는 없었다

호흡이 일정하지 않은 밤

구세군 자선냄비는 동전 몇 개에 출렁거렸다

밤은 할 말이 없어서가 아닐 것이다
어둠보다 밤을 먼저 알았을 것이다

추운 겨울이 지나고
꽃피는 청춘이 다시 온다면
세 가지 단어로 사건을 만들자고 의논했다

창문을 열고 바람이 들어오고
원인을 찾아서 결과를 만들고
동기를 물어서 기회를 엿보자고 했다

색깔을 잃을수록 색은 밝아지는 법
눈을 뜨고 새소리를 들을 수 있을 거라고 했다

너무 외로워서 밤이 없던 시절
제일상가 지하도에서
모닥불 주위로 모여드는 부나비처럼 몸을 떨었다

글 냄새

글이 오는 소리를 듣는다
소리가 되는 글
어디서 오는 글
속살까지 부드럽고 알찬 글이었다

냄새가 쌓일수록 깊어지는 글
냄새가 진동하는 글

글이 자라서 무엇이 될까
수첩에 꼭꼭 숨어서 찾을 수 없게 만들까
까만 숯으로 얼굴을 감싸고
대단한 위장 전술로 모르는 척할까

글 속에 모래
글 밖에 바위

사람이 없는 길을 걸었고 글은 고요했다
해가 뜨고 글은 밝아졌다

가끔은 듣지도 못한 글이 나왔고
가끔은 보지도 못한 글을 읽었고
그렇게 흥분되는 글은 아니었지만 즐거움이 있었다

물음표가 많아지는 글
낙엽이 풀풀 날리는 삼거리 극장에 들어간다
〈빛과 그림자〉가 있는 두꺼운 서점에 들어간다

마을버스를 기다리는 글
서랍에 숨겨 둔 글
삐뚤삐뚤한 글씨가 되어 나오는 글

어둠 속 글 냄새
그 냄새가 그리워지는 글

분명
그날은 잠을 잘 수가 없었고
페이지를 넘기는 소리를 들었고
글 냄새에 취해 여우고개를 내려오고 있었다

손톱

줄거리가 난무한 소식을 듣다가
창가에 기대어 못다 부른 노래처럼 손톱을 깎는다
손톱이 자라고
나는 친숙하고 심심하지 않게 손톱을 깎는다

기억나니, 그때 일은 악몽을 꾸는 것처럼 아찔했어

나와 다른 고민을 하거나
단골집에서 누구를 기다리거나
손톱이 자랄수록 한곳에 집중해야 할 때

아직은 괜찮을 거야

양파와 파프리카는 사 왔어
두부는, 왜 말이 없니
계란은 유정란 맞지, 큰 거로 살까

밝은 곳을 찾아 신경을 모으거나
찬란했던 기억을 부르거나

한 번에 끝맺을 보아야 할 때

지금은 괜찮지

엄지는 둥글게
약지는 아프지 않게
모가 나지 않게

초승달처럼 손톱을 깎는다
손톱이 멀리 있거나 가까이에 있을 때

아직은 아니야, 조금만 더 알겠지

줄다리기
호수
반딧불이

하늘길이 열린다는 소문을 들었고
새까맣게 잊고 있었던 애인이

뜻밖에 전화가 와도 손톱을 깎는다

손톱을 깎을 때는 오로지 손톱이다
나는 힘없이 궁중에서 떨어진다

미세먼지가 심한 날이야, 문을 닫아

발바닥 사이로
두 눈이 먼 사이로
손톱에서 단물이 빠진다

몸에서 잉태한 손톱
열 손가락이 아픈 손톱

햇볕 쬐기 좋은 날, 오래된 농담처럼
손톱을 깎는다

당신은

당신은 강물
당신은 숲
당신은 노을
당신은 향기
당신은 어둠
당신은 밤
당신은 자정
당신은 촛불
당신은 새벽
당신은 연못
당신은 사슴
당신은 타조
당신은 말
당신은 공작
당신은 용서
당신은 포용
당신은 허공
당신은 (   )

눈맛

당신은 길쭉한 목구멍이 특징이에요

그렇다고 목소리가 좋다는 말은 아니고요

다시 말해 불고기를 목전에 두고 목구멍이 넓어져요

커다란 눈 속에 맛이 가득하네요

모나리자 같아요

최후의 만찬을 즐기는 건가요

고기가 익는 동안 눈으로 맛을 보아야 해요

눈맛, 눈맛, 눈맛……

그림에 눈맛

살살 다루어 주세요

거기가 너무 아파요, 거기 말고 거기요

우리는 뜨거운 사이잖아요

눈맛이 오고 가고 군침이 도네요

두 눈이 오른쪽과 왼쪽으로

사랑이 뭐 별건가요

제발 이러지 마세요

당신이 맛볼 차례인 걸요

처음 먹어 본 맛인가요, 싱싱하고 달콤하다고요

야릇한 맛은 아닌가요

눈맛이 요동치기 시작했어요

이글거리는 눈맛

군침이 도는 눈맛

당신은 눈맛인가요

이번 달이 지나 당신과 헤어질까 해요

어금니를 뿌리째 뽑는 고통만큼 아플까요

매달리기 연습을 했어요

서서히 몸이 익어가요

눈이 타버린 불판

보상이라도 하듯 연기가 살아나네요

한 번쯤은 그 집을 지날 때면

빠진 어금니가 많이 그리울 거예요

아참, 당신이 뒤집어 볼래요

피카소 m과 M

피카소를 M이라고 부른다
우리는 m이라고 부른다

m, M 어디 있는 거니
그림에 관심이 없다는 m
사실이 왜곡된 그림을 거부하는 M
m은 살아 있어, 언제나 M이야

역기를 들거나
외나무다리를 건너거나
줄 서서 먹는 밀면집을 지나거나
관심이 없는 아비뇽의 처녀들*과 밥을 먹거나

왼쪽 귀를 잘라 고갱에게 준 화가는
피카소일까요, 고흐일까요
정답은 사다리
아비뇽은 어디 있나요
사람입니까, 사물입니까
정답은 상자, 돌, 항아리 ……

m은 M과 무슨 관계인가요

정답은 Z와 z

천부적으로 요리에 재능이 있는 m

당신을 어떻게 먹을까

구워서 먹을까, 날로 먹을까

프라이팬이 달구어지잖아

무엇이 좋겠니

어떻게 해 줄까

시간이 없어, 어서 말을 해

벽에 걸린 무표정한 그림처럼 요리를 해 줄까

M은 오른쪽 귀를 잘라 간을 맞추고

눈알을 뽑고 입술을 자른다

화창한 지하실

볼록렌즈

남은 시간은 3분 50초

지글지글

보글보글

빨간색을 넣을까

노란색을 넣을까

파란색을 넣을까

맛을 내기 위해 갖은 색깔을 만들어 넣는다

요리책 〈단맛을 내는 레시피〉가 경매에서

최고가를 갱신하는 날

M은 오른손을 턱에 받치고 안도의 미소를 짓는다

책을 갈기갈기 찢고 있는 m

책을 질근질근 씹고 있는 M

M, m 뭐 하고 있니

잠에서 깨어난 m

무슨 맛이 좋을까, M

눈알을 만들고 귀를 만들고 입술을 그리고 있었어

* 피카소 그림.

밥을 먹는다

밥을 먹는다
사람들이 낯설지 않게 밥을 먹는다

밥을 먹다가 지진이 일어나고 땅속으로 들어간다

사라진 사람들이 밥을 먹는다
밥을 먹고 찬송가를 부르고 땅속에서 나온다

밥을 먹는다
밥을 먹는다
밥을 먹는다

아무렇지 않게 밥을 먹고 손뼉을 치고 고함을 지른다
흔들리지 않는 밥
친절한 밥
집채만 한 배를 끌어안고 허겁지겁 밥을 먹는다

농담을 주고받고 떠들고 웃고 울고
밥을 먹고 밥을 먹고 밥을 먹는다
멸치와 고등어

깍두기와 고사리와 시금치

얼마나 맵고 무섭고 겁나게 살았을까
때로는 속이 시리고 따갑고 갑갑했지만
밥을 먹는다

지진은 대단한 문제가 아니라고
뉴스 속보를 보면서 밥을 먹는다

땅속은 무엇일까
어디서부터 이야기가 흥미로울까
밋밋하고 따분하고 심심하지 않은

지진은 계속해서 일어나고
하나, 둘, 셋, 넷, 다섯 ……
사람들이 땅속으로 들어간다
밥을 먹는다

제4부

생각을 더듬다

　무엇을 쓸까 바람이 분다고 할까 흐림이라고 할까 나쁨이라고 할까 읽을 수 없는 책을 베개 삼은 다락방, 생각을 고민하다 생각을 놓친 적이 있었고 그래서 생각이라고 쓸까 무슨 생각이 좋을까 십 년 전, 생각을 읽을 수 있을까 희곡 〈고래는 사막에서 물을 먹지 않는다〉에서 딱히 남자 주인공이 떠오르지 않는다 생각을 찾다가 여전히 생각을 쓸까 생각은 무엇일까 생각과 생각에서 갇혀버린 다락방, 탐험가처럼 생각을 캐고 다니는 b, 한때 생각을 찾아 고고학자가 되는 꿈이 있었고 지질학자가 되는 꿈이 있었다 생물학자가 꿈이었던 생각이 있었다 무엇을 쓸까 무엇이 좋을까 웅장하거나 거대한 생각은 아니었다 무엇이 비어 있는 생각, 그 속에서 b는 약속이나 한 듯 다락방에서 나오지 않았다 그곳은 지워진 생각이 있었고 무엇이 없었고 무엇을 찾고 있는 b가 있었다

상상나무 미술관

복원 기술이 뛰어난 성형외과 정선생
상상을 하다가 가던 길을 잃어버린 적이 있다고 했다
이정표를 만들까도 했지만
그럴수록 상상을 하고 상상나무 미술관에 간다

밀레를 베토벤으로 복원하거나
늙은 여우를 암탉으로 복원하거나
야구공을 자동차로 복원하거나

아무렇지 않게 재주를 부리는 기술이라며
미술관에서 상상을 복원하는 정선생

폭탄세일이라는 목요일 대낮

상상은 추위에 민감하다고
재주를 달고 사는 정선생
병원 근처 할인마트는 사람들이 웅성거렸다

상상이 펄펄 끓는 이층 매대

밀감을 옥수수로 복원하거나
젓가락을 코카콜라로 복원하거나
크림빵을 고구마로 복원하거나

설탕이 짜고 매웠다는 19세기 말
초콜릿은 달콤하거나 신비롭지 않았다
바구니에 포도를 담는다
두루마리 화장지를 담는다

눈으로 냄새를 맡을 수 있는 정선생
사람이 태어나기 전에 가능했을지도 모른다는 사실
18세기에는 가능했을 거라는 사실

이발을 하고 온 날
거울을 보다가 코와 눈썹이 없었고
머리가 없고 발가락이 없다는 것을 알았다

오른손은 전화기가 되고
왼손에서 전화벨이 울린다

거울을 머리로 복원하거나

오른손을 눈썹으로 복원하거나

왼손을 발가락으로 복원하거나

한밤중에 외로움을 달래려고

정선생은 복원병원 옆 상상나무 미술관에 간다

합성동 행복 대합실

행복을 찾아 떠나는 합성동 대합실

몇 대의 버스가 가고 몇 사람이 앉아 있거나 누워 있다
무슨 사연인지 알 수가 없고 돌아오지 않을 거라는 말을 남자에게 듣는다
미련은 쓰다 버린 휴지 조각 같은 것

간간이 들리는 발소리와 코 고는 소리와 귀뚜라미 소리
행복을 기다리는 사람들

도시에 플라타너스는 자기 방식대로 잎을 떨어내기로 했다
여수행 버스와 통영행 버스가 도착한다는 방송이 있고 침침해진 불빛에 몸을 돌리는 사람, 이불 삼아 몸을 감는 사람, 이따금 낯이 익은 사람이 지나가는데 아는 사람은 아니었다 자명종 소리가 어둠을 자르고 머리숱이 희끗희끗한 기사는 담배 연기를 연신 뿜어내고 있다

추억이 만들어 낸 흔적들

대합실 내, 24시 편의점은 일찌감치 문을 닫았다
　주말을 제외하고 사람이 없다는 믿음은 빗나가지 않을 것이고 월요일부터 휴무라는 그럴듯한 변명을 입구에 걸어 놓는다 간혹, 편의점 안으로 얼굴을 밀어 넣는 사람이 있었지만 그다지 궁금하지는 않았다

　의자 세 개가 전부인 초록이네분식
　보청기가 닳았는지 혼잣말에 익숙한 할머니, 숙달된 손놀림으로 맛을 보지만 누런 국물은 텁텁하거나 싱거웠다 남은 오뎅은 퉁퉁 불었고 천수경을 외우는지 쉬지 않고 중얼거렸다 라디오에서 동백 아가씨가 나온다

　대합실 의자는 듬성듬성 비어 있다

　어둠을 두고 사람들은 떠났다 멀리서 뱃고동 소리가 들리고 마지막 통영행 버스가 지나간다 불이 꺼진 합성로 37번 행복길, 어느새 할머니는 바다를 건너고 있었다

정오

정오의 사람이 지나갑니다

한낮의 열정 같은 사람이 지나갑니다
거품 같은 사람이 지나갑니다

나를 지탱해 줄 정오에 양식들
다람쥐, 감자, 식빵, 사슴, 고구마 ······
벚나무, 딸기, 키위, 무지개, 태양, 곰 ······

빨간 버스에 물고기가 가득합니다
정오에 물고기는 말이 많습니다
시시콜콜한 농담을 잘합니다

창문으로 정오의 사람이 지나갑니다

정오에는 사람이 많습니다
정오에는 사람이 바쁩니다

365 슈퍼마켓이 지나가고 미용실이 지나갑니다

약국이 지나가고 안경점이 지나갑니다
앵콜 노래방이 지나가고 우동집이 지나갑니다

끝없는 수평선
섬
낭만적이지 않은 미소

정오의 사람이 지나갑니다
약속처럼 열두 시에 버스가 지나갑니다
장미 아파트가 빨갛게 물들어 있습니다

목소리가 커졌다가 작아집니다
눈은 둥글둥글했다가 길어집니다

사람이 지나갑니다
정오의 사람이 지나갑니다

구겨진 엽서

구겨진 엽서에서 안부를 묻는다
첫머리에 있을 안부가 어디에 있을까
중간에 있는지 맨 아래에 있는지
퍼즐처럼 복잡해진 안부를 묻는다

서론에서 본론으로
결론에서 서론으로
안부를 읽을 수가 없었다

어제는 약속
내일은 산책

약해지지 마
걱정하는 마음이 더 구겨져 있었고

한 여자가 사랑한다는
한 남자가 사랑한다는
끊어진 인연을 조심스럽게 이어가듯
글자 하나하나에서 구겨진 엽서를 읽는다

토요일에 뭐 하고 있어

그냥, 별일 없는 거지

새벽 두 시라고 했지, 아니야 다섯 시라고 들었어

챔피언스 결승전은 시시했어

맥주잔에 맥주가 줄어들고

대신 안부를 불어 넣었어

오늘은 어땠어, 할 말이 뭐야

인터뷰는 넘치지 않고 길지 않았어

토막 난 철길을 이어가듯 안부를 만들었어

끊어질 듯했지만 안부는 절절했지

재능이 많은 소녀처럼

대낮에 섹스가 즐거운 것처럼

시간이 지나 지워지기 좋을 만큼

구겨진 문장에서

안부가 궁금해지는 당신

하루는 음악을 듣고

하루는 산길을 걷고

하루는 강물을 보고

집으로 간다

저녁이 되자 당신은 사라지고 없었다

뒤틀린 글자

구겨진 안부

잘 있겠지, 잘 있을 거야. 그렇지

이상한 중국집

하얀 쌀밥을 수북이 매달아 놓은 이팝나무꽃
까치가 알을 품은 낮 열두 시
멀리 보낼 희소식을 단단히 봉인하고
홈플러스 옆 우체국은 문을 닫는다

비밀이 많은 우체국
비밀의 문이 열리기를 기다리던 여자는
칠성반점으로 들어간다

머리가 새까맣게 탄 목선이 예쁜 여자
메뉴판을 씹어먹듯 중얼거리는 남자
입술을 훔치는 여자

햇빛이 잘 드는 입구에 앉은 여자
여자의 등이 보이는 반대쪽에 앉은 남자

물이 넘칠락 말락 주전자가 들썩거린다

자장면을 주문한다

매운 짬뽕이 나온다
여자는 고개를 끄떡이며 볶음밥을 주문한다
탕수육이 나온다
남자는 소주를 주문한다
소주가 나온다
소주를 주문했는데 왜 소주를 주냐며
사무적이고 전투적으로 말한다
그냥 속으로 말한다

난로 옆에 앉은 여자는 아무런 대꾸도 없이
눈물을 삼키며 매운 짬뽕을 먹는다
진지하게 탕수육을 먹는다
남자는 씩씩거리며 소주를 마신다

잘못을 늘어놓겠다던 주인은
이팝나무꽃 한 그릇을 주문한다
뻐꾸기가 머리를 길게 한 번 내민다
사람들이 우체국으로 간다

남자는 배가 고픈지 이팝나무 아래서
입을 벌리고 있다
여자는 휘파람을 불고 배를 두드리고
코를 풀면서 우체국으로 간다

사람들은 과일 한 봉지를 들고 들어간다
아직은 시월인데 눈이 밥알처럼 내린다

소년과 J

  J는 경계다

  소년이 일찍 올 거라고 믿었던 J
  J는 독백처럼 말이 없었고 일곱 시에 맞춰 소년은 오고 있었다

  J는 각자의 시선으로 얼굴을 외면했다 소년은 J를 지켜보고 있었다 두툼한 보따리를 옆에 끼고 있는 J, 헤드라이트로 비친 J
  언제 떠나는지 알 수가 없었다 J를 염탐하듯 바라보는 소년, 바람에 함께 쓸쓸한 그리고 J
  달빛을 뿌려 놓은 듯 환했다 J는 걸었다 건너편 도시와 경계는 멀었다

  사람들이 사라진 도시
  먼지가 날리는 그곳에서 J와 소년
  술병은 술에 취한 듯 주저리주저리 나뒹굴고 있었다
  한쪽 구석에서 술병을 모으는 취미가 있다고 했다

경계와 사라진 J

J는 어떤 소식을 말하지 않았다
표정이 없는 J, 소년과 서서히 지워진다

눈물이 나도 슬퍼하지 않았고 눈물은 그다지 좋은 위로는 아니었다
슬픈 노을을 아껴먹는 J
배추벌레를 닮은 J
은사시나무를 좋아하는 J

신에게 용서를 구하는 저녁
사람들은 동네 성당으로 줄지어 걸어간다
어디서 왔는지 처음 보는 사람이 많았고 고개를 숙이고 무슨 말을 하였고 얼굴은 보이지 않았다
가진 것 없이 욕심은 부질없다는 사람들
미사를 마치고 돌아오는 길에 손과 발이 꽁꽁 얼었다

성당에서 나온 소년이 J를 기다렸다

별똥별이 쏟아지는 밤이 먼저 왔고 J는 오지 않았다
백지처럼 하얀 도시

한동안 경계는 계속될 거라 했고
선물이라고 받은 호박엿을 호박처럼 잘게 씹어 먹었다
소년은 추위에 동동거렸고 J는 볼 수 없었다

때

때를 놓치고 후회한 일
그때 가서야 했는데 하는 후회
막차가 떠나고 남은 건 후회

희미해지는 것
발자국 같은 것
첫차가 올 때까지 여전히 지구는 돌고 있겠지

그때 그 사람을 잡지, 그랬어. 늦게 저녁밥을 먹을 때
후회는 게으름과 양면적이지

그때가 좋았을 때
그때가 좋았을 거야

지금은 때가 아니야
조금만 기다려
때가 되면 이야기해 줄게
이제 거의 다 왔어

난처할 때

인내가 필요하지

난감할 때

한숨이 필요하지

때를 기다린다는 때가 있다

절묘하게 황홀하게 순간적으로 때가 맞을 때가 있다

아랫도리가 흥건하게 젖은 새벽처럼

뜻밖에 기적이 올 때

우연을 가장할 때

제자리걸음이 익숙해질 때

호기심이 팽창해지고

포만감은 나태함을 촉진시키지

미리내 소극장 옆

사랑이 굳세다고 믿을 때

단단하면서 튼튼한 때를 만들기로 했다

낯설지 않은 풍경처럼
빨주노초파남보 ……

거북이를 키우자는 어린이보호구역
부산행 16번 출구에서 기다린다고 했다

때를 기다릴 거라고 했다
때가 올 거라고 했다
헤어지는 연습을 할 때라고 했다

좁은 방

틀니마저 녹아내려

어눌해질 대로 어눌해진 쓸쓸함이 입 밖으로 새어 나왔다

삼육 빌딩과 녹십자 빌딩 사이로 몸을 반쯤 돌리고

커튼을 걷어내고 햇살을 불러 모은다

한낮에 오래 머물게 할 생각은 없었다

반가운 손님처럼 잠시면 된다

흔들리는 눈동자

만남은 이별의 무덤

햇살이 사라지고 걸어 놓은 옷들은 조용했다

통증을 느끼기 전에 자꾸 눈을 감는다

오기로 한 사람은 보이지 않았고 눅눅해진 뻥튀기에 손이 간다

숨을 쉰다는 건 내일의 연장선일까

일정하게 떨어지는 링거병 속에 죽음

해가 지고 커튼을 친다

밥차가 오는 소리에 맞춰 창문 밖이 궁금했다

밑창이 닳아 버린 신발

실밥이 터진 손가방

세월의 덫에 걸려 나오지 못한 기억들

제복처럼 말끔하게 다려 놓은 수의 한 벌

몇 번이나 부탁해서 바꿀 수 있었지만

왠지 모르게 그 옷을 입으면

안 될 것 같은 불안감이 음습해 오는 밤

큰 능선을 타고 올라가는 수레처럼

감은 눈에서 비집고 나온 눈물은 끝을 몰랐다

반사적으로 들리는 숨소리

뚝뚝 떨어지는 맥박은

바닥에 남은 시간을 말리고 있었다

그런데

말이 길어서 말인데
그런데 무슨 말부터 하지

한날은 만나자는 전화가 와서 버스를 기다렸지
알림판에서 곧 도착이라고 말했어
그런데 버스는 오지 않고 사람들이 떼를 지어 오는 거야
무슨 난리도 이런 난리는 처음이거든

뚜벅뚜벅 가위질하듯 하늘을 토막 내고 있었어
그런데 사람이 몇 명이야
사람이 이렇게 무서울 거라고는 몰랐지

그런데 말을 알아들을 수가 없었어
ㅇㅈㅈㄲㅇㄹㄹㅋㅋㅋ
무슨 말인지 말이 들리지 않는 거야

궁금해져서
키가 크고 귀가 자라는 남자에게 무슨 말이냐고 물었지
그런데 왼쪽 귀를 떼어서 선물이라며 주는 거야

그 귀는 말을 하고 있었어

귀를 붙이니까 말이 잘 들리는 거야

나는 남자에게 다시 물었어

그런데 귀는 계속해서 말을 하고 있었어

신기하게 말이야

당신은 이런 이야기가 가능하다고 생각해

당신이 하는 말은 알아들을 수가 없잖아

그런데 무슨 말을 하는지 모르겠어

어디까지 가세요

종합운동장역

동해바다해맞이역

올림픽대로역

언제 오겠다는 말은 하지 않았어

그런데 나는 사람들 뒤에서 열심히 달렸어

기다리는 버스가 지나갔지

사람들은 숨이 끊어질 듯이 달렸어

버스에 사람이 없었고 웅성웅성 소리가 들렸어
그런데 조금 있으니까 말이 사라졌어

어디 갔지, 어디 갔을까
내 말 알아듣겠어 이상하지, 그런데 말이야
말은 길면 안 돼, 복잡하거든
그런데 무슨 말부터 할까

빨래

빨래가 돌아가는 일요일

하늘과 밤과 자전거와 수요일과
토요일과 그늘과 월요일과 땅과
상처와 허기와 농담과 약봉지와
함께 한 스푼의 양심을 넣는다

찬물을 마시고 호흡을 가다듬는다
그러는 동안
이름에 글자 하나가 빠져 있다는 걸 알았다

하늘과 땅에서 어디에서 찾을 수가 없었다
모다깃비*처럼 떨어져 버린 나
나도 모르게 사라져 버린 나
그런 나를 어지럽게 돌리고 있었다

목요일은 아닐 거야
아마도 화요일은 있었겠지
야간작업에 수요일을 먹었고 금요일을 먹었다

일요일에 없어진 나
어디서 이름을 불렀지만
부메랑처럼 돌아오지 않았다

금요일 저녁
며칠 전에 닳기 시작한 구멍에서 단추 하나가 없어졌다
석고처럼 단단하고 질긴 단추라고 믿었는데
정신이 팔려서 눈치채지 못한 게 내 잘못이었다

공사판에서 부르던 이름은 김씨, 박씨, 어이 이씨
그가 알고 있는 이름은 그것이 전부였고
김씨하고 부르면 고개 돌리는 사람은 대여섯 명
흙바람이 찰지게 부는 토요일 오후였다

그만 입으라는 아내를 넣는다
해질 대로 해진 무르팍을 넣는다
소나기를 넣는다

버리지 못한 짝짝이 양말

신발에 감춰진 비밀을 깊숙이 넣는다

토요일을 넣는다

화요일을 넣는다

불타는 금요일을 넣는다

횡횡

달그락달그락

탈탈

잃어버린 나를 찾아가듯 일요일이 요란하다

* 세차게 내리는 비.

시간을 죽이는 여러 가지 방법

시간을 죽이는 방법을 알고 싶다고 했다

가래떡을 먹고 똥구멍에서 죽은 피가 쏟아질 때

별다방에서 무당벌레들이 득실거릴 때

불같은 욕망이었다는 것을 시간은 알았다

좌절이 욕망으로 뒤바뀌는 것이 시간이고

시 한 줄이 사람을 죽이고 살린다는 힘을 알았다

시간은 쉽게 죽지 않을 거라고 했다

시간이 해결해 주는 것이 무엇일까

갈등, 긴장, 분열, 불안, 포기, 고난, 극복 ……

욕망은 용기가 필요하다는 것이 시간이고

용기는 떨림을 죽이는 것이 시간이다

시간을 살리는 여러 가지 방법을 알았다

비워지고 부서지고 무너지고 소리치는 것이 시간이고

죽은 나무에서 꽃이 피는 것이 시간이고

지나간 일은 아무 일도 아닌 것이 시간이었다

시간을 죽이는 것이 시간이고

시간을 살리는 것이 시간이었다

시간은 목에 걸린 가시처럼

아프거나 따갑거나 두렵지 않다는 걸 알았다

다시 아침이 온다

아직은 모른다는 일이지
때로는 늦잠을 자고 일어나 눅눅해진 이불을 튼다
이번 달 월급이 밀렸다며 투덜대는 여자
식자재 마트가 문을 닫고 다음 날
아침밥은 없다는 쪽지가
냉장고 문에서 떨어질 듯 달랑달랑 위태롭다
다시 아침이 온다
한동안 악몽에 시달리는 날이 많아질 거야
보이지 않는 사람이 보였고
처음 걷는 길을 걸었고
뒤척이던 악몽에서 벗어나지 못했어
다시 아침이 온다
확실히 기억은 없었지만
한때 아침에서 나온 적이 있었어
그럴 때면 심하게 갈비뼈에 눌리기도 했고
성탄절 종소리를 듣지 못했어
들을 수가 없었지
누가 왔다 갔는지 모르겠어
남산만 한 배가 부르지 않았어

사실을 말하는데

다시 아침이 온다

반복해서 영화를 보다가 같은 말을 들었고

그렇게 신나지는 않았어

얼음처럼 차가운 여자

다시 한번 더 말하는데

아직은 알 수 없는 일이 계속해서 찾아오거든

아주 사실적으로 말이야

다시 아침이 온다

유령들

한번은 돌아보는 길이다
유달리 신호가 짧았고 유령들이 북적거렸다

전봇대와 유모차
전동 킥보드
거리 한쪽에 취나물과 냉이와 쌈배추

인간의 탈을 쓴 유령들
어설픈 말투로 유령들이 발목을 잡는다
제가 안 그랬어요, 제 잘못인가요
빈틈없이 일방적인 흥정이다

어디서 나타난 유령들
웃음은 어색했고 신호에 따라 없어졌다가 나타나는
유령들

소란이 가득한 사무실에서 나온다
불이 꺼진 피시방에서 나온다
마지막 떨이라는 식당에서 나온다
7이 사라진 로또방에서 나온다

지난주에 문을 닫겠다던 꽃분이 미용실
팔랑대는 그 말을 믿으시나요
여전히 갈색 꽃가루를 날리는 유령들

한 끼 밥에 저당 잡힌 공영주차장
만차 표지판
야바위꾼
메뉴는 하나, 돼지국밥이요 돼지국밥
깔깔한 목소리가 벌건 대낮에 쨍쨍하게 울린다

오늘은 말복인가요, 초복인가요
유령들이 웃는다
돼지가 웃는다

뜨끈하게 속이 보이고서야 손을 내려놓는다
쉴 새 없이 올라가는 아파트
바빠지는 가로등
갈 곳이 없는 유령들이 이곳저곳으로 돌아다닌다

서화성의 시세계

'환승역'의 시학과 실존적 결단의 미학

임봄

서화성의 시세계

'환승역'의 시학과 실존적 결단의 미학

임봄
(시인, 문학평론가)

　서화성의 시집 『나는 너무 오래 죽어 있었다』는 전통적인 문학의 치유나 섣부른 위로, 화해의 기능을 정면으로 부정하는 '반反 위안'의 형식이 내재해 있다. '반反 위안'의 형식은 고통을 직시하며, 인간 존재의 근원적이고 윤리적 한계를 기록함으로써 독자의 성찰을 요구한다. 문학이 현실의 부정을 완전히 해소하지 않고 남겨둘 때 독자가 그 고통의 무게를 자신의 윤리적 문제로 인식하게 하는 서술 방식이다. 서화성에게 있어 시는 무거운 현실을 통과해 나온 자각의 흔적들이다. 고통을 피하거나 섣불리 독자를 위로하지 않고 삶의 무게를 감내하면서 고통을 직시하며 언어의 본질을 탐색하려는 윤리적 태도를 지향한다. 시집에 등장하는 시어들은 건조하지만, 그 건조함 속에 인간의 존엄과 생의 떨림이 숨어 있다는 건 그의 시가 주는 여운이다.

그의 초기작들이 '감각의 예민함과 실존의 슬픔'으로 세계를 포착했다면, 이번 시집은 죽음과 죽음 이후의 세계, 혹은 생의 잔여 감각으로 확장된다. 죽음이 단선적인 절망이 아닌 일상의 언어 속에서 생을 갱신하는 미학적 장치로 작동하는 것이다. 비록 현실의 세계가 서두에 쓰인 시인의 말에 있는 것처럼 "산더미처럼 밀린 독촉장"이나 "압류딱지" 같은 고난의 현실이라 할지라도 "시 한 줄이 사람을 죽이고 살린다는 힘"(「시간을 죽이는 여러 가지 방법」)이 있다는 것을 깨닫게 된 시인은 이 오래된 죽음의 상태가 "그래도 나는 시를 쓰고 있다"(시인의 말)라는 생의 의지를 통해 비로소 부활의 서사로 전복될 수 있음을 보여준다. 시인에게 있어서는 '시 쓰기'라는 행위 자체가 고통을 감정적으로 소비하지 않고 건조하고 절제된 형식으로 대상화하고 절차화함으로써, 내면의 사망 상태를 벗어나는 형식적 전복 행위이기 때문이다. 따라서 관계가 단절된 고립의 시간 속에서도 독립된 주체로서 새롭게 부활하는 시인에게 죽음은 시의 끝이 아니라 문장의 호흡을 새롭게 가다듬는 시점이다.

서화성의 시집은 위로의 문장들 대신 절차의 문장을 남기고 이를 통해 독자는 상처의 봉합 대신 유예를, 감정 대신 리듬을 전달받는다. 그것이 서화성의 시집 전반에서 포착되는

'반反 위안'의 형식이다.

내면적 사망과의 단절 : '탯줄'과 윤리적 결단

나는 너무 오래 죽어 있었다

인연의 끈을 끊었다
―「탯줄」전문

시「탯줄」은 첫 문장부터 강렬하다. 신체를 통해 삶을 영위하는 생명체가 스스로 "너무 오래 죽어 있었다"라고 고백하는 이 문장은 육체적 생존이 정신적 혹은 정서적 '삶'의 지속을 의미하는 것은 아니라는 통렬한 깨달음이다. 여기에서의 죽음은 생물학적 소멸이 아니라 감각이 마비된 채 살아가는 자의 내면적 사망이다. 이전의 죽음과 그 죽음을 인지한 이후, 시적 주체가 죽음이라는 무감각했던 상태에서 벗어나려는 '부활'의 선언이 바로 "인연의 끈을 끊었다"이다. 갑작스러운 선언같이 들리는 이 행위는 단절이라는 폭력성을 품으면서도 한편으로는 해방의 윤리로도 읽힌다. 시적 주체는 관계의 무게와 억압을 근원적으로 잘라내면서 자아의 근원을 재정의하고자 한다. "탯줄"은 모성으로부터의 분리를 넘어 '내면의 사망' 상태였던 과거 생과의 단절 및 완전한 주체로의 부활이라는 전이적 의미를 내포한다. 관계의 단절은 사회적 고립을 뜻하는 것이기도 하지만 자발적 고립을 선택한 것이다. "탯줄"에서 비롯된 인연은 모든 인연의 근원이다. 그것은 태생적인 것에서 비롯되지만 그것을 끊는 순간 완벽하게 독립된 존재로 서게 되는 것이다.

서화성은 감정의 과잉 대신 극도로 최소화된 언어를 통해 말하지 않으면서도 말하는 침묵의 효과를 극대화한다. 즉, 말하지 않음의 여백 속에 강한 생명의 진동을 품는 것이다. 이처럼 짧은 시에서 '죽음과 단절, 부활의 구조를 압축해 냄으로써 하나의 행이 전 생애의 체험을 대체하게 한다. 그동안의 삶이 죽어 있었다고 표현할 정도의 고통이 있었음에도 구구절절 말하거나 스스로를 위로하지 않는다. 시적 주체의 회복은 언어의 절제와 함께 이루어진 부활의 형식을 띠고 있는데 이때의 부활은 고통 속에서 죽어 있던 자의 부활이며 고통을 통과한 자의 부활이다.

비본래적 실존의 공간 : '환승역'과 문명 비판

저승과 이승 사이에
환승역이 있다

그곳에 당신이 있고 우리가 있고 내가 있다
저승 가기 전에 잠시 머문다는 그곳
이곳이 아니고 저곳이 아니고 천국이 아니고 지옥이 아니고

왼쪽이 아니고 오른쪽이 아니고 질서가 혼돈된 그곳

…(중략)…

몸에게 반성하는 시간
절망이라는 후회
무슨 약일까, 어디에 좋을까, 언제쯤 끊을까

송내과의원
성비뇨기과
박정신과

서서 죽은 사람이 줄을 선다
앉아서 죽을 사람이 줄을 선다

우리는 통조림이다
우리는 비둘기다
우리는 돌멩이다

오늘은 만차다
다음 환승할 역은

—「환승역」부분

시집의 핵심 은유인 '환승역'은 삶과 죽음의 간극이 드러나는 경계의 공간이자 시적 주체가 윤리적 선택을 탐문하는 전이의 장소이다. 이곳은 고통이 위로받는 장소가 아니라 오히려 문명의 최첨단 관리 시스템이 고통을 통제하고 규격화하는 비인간적 실존의 현장이다. 서화성은 이 공간을 지나는 동안 자신 또는 타인의 고통을 함부로 위로하지 않는다. 다만 건조한 언어로 재현할 뿐이다. 죽음에서 다시 부활하는 과정, 살기 위해 문명의 최첨단을 걷는 병원에서조차 우리는 방부제 속에 갇힌 "통조림"이며 내쫓기는 "비둘기"이자 무생물 취급을 당하는 "돌멩이"일 뿐이다. 그럼에도 환승역은 오늘도 "만차"일 정도이고 "피 터지는 전쟁이 날마다 일어난 데도" 모든 것이 무표정하게 환승되고 반복될 뿐이다. 이 "환승역"은 서화성의 시집 전체를 이끌고 가는 출발점이자 귀결점으로 죽음 이후에도 계속되는 사유의 현장이다.

시에 등장한 숫자들은 사망자 명부처럼 보이기도 하지만 이는 현대사회가 죽음을 데이터화해서 문명의 풍경 속에 가둬두었음을 상징한다. 즉, 서화성의 환승역은 개인의 내면을 넘어 문명 전체가 죽음을 관리하는 시스템을 비유한다고 볼 수 있다.

인간이 아닌 상태로서의 죽음은 더 이상 사건으로 분류되지 않으며 놀랍거나 슬프지 않은 기계적인 일들로 치환된다. "송내과의원/ 성비뇨기과/ 박정신과" 등 병원이 있기는 하지만 이미 통계와 비인간화되어 존재하는 인간들에게 병원은 더 이상 의미가 없다. 이러한 상황은 현대 의료나 사회 관리 시스템이 고통을 해방하기는커녕 오히려 통제하고 규격화하는 현대식 감옥임을 암시한다. 시인은 이 시를 통해 개인의 고통이 문명 전체가 죽음을 관리하는 시스템 내에 포획된 실상을 냉소적으로 드러낸다.

"다음 환승할 역"이나 "성비뇨기과/ 박정신과" 등 역명을 안내하거나 병원을 명시하는 것은 개인의 고통이 공공의 시스템에 수용되고 분류되는 것을 보여준다. 숫자로 치환된 것은 죽음을 사건에서 '절차'로, 슬픔을 '용량'으로 전환한다. 이는 개인이 주체적으로 죽음을 맞이하는 것이 아니라 사회적 익명성 속에서 죽음마저 관리당하는 비본래적 실존의 풍경을 냉소적으로 드러낸다. 시에서는 "다음 환승할 역은"이라며 열린 결말을 보여주는데 이는 절망의 무한 반복일 수 있는 동시에 재생 가능성을 내포한다. 이 모순된 상태가 절망의 지속이 아닌 희망으로 나아갈 수 있는 이유는 시적 주체가 익명성의 덫에 갇힌 이 비본래적 장소에서 자신의 유한성(죽음)을 직시하는 결단을 통해 비로소 본래적 존재로 나아갈 수 있는 문턱에 서 있기 때문이다.

낙타의 시간과 사자의 저항

니체는 인간 정신의 세 가지 변신을 말하며 그 첫 번째를 '낙타'라 했다. 낙타는 세상의 무게를 묵묵히 짊어진다. 누구도 대신 질 수 없는 짐을 고독하게 감내하며 고통 속에서 모래바람 속을 걷는다. 시인이 말한 "나는 너무 오래 죽어 있었다"라는 자각은 바로 그 '낙타'의 시간 종착지에서 얻는다. 그리고 바로 그 '낙타의 시간'이 종착하는 지점에서 사자의 언어로 전환하는 양상을 보인다. 이러한 변신은 개인의 정신이 겪어야 할 패러다임의 전환을 의미하며 자기 극복을 목표로 한다. 이 과정은 궁극적으로 스스로 가치를 창조하는 순수하고 긍정적인 단계(어린아이)로 귀결된다. 이는 자신의 가치와 의미를 외부에서 찾는 것이 아니라 자기 자신을 통해 창조하는 '새로운 시작'을 의미하며, 이때의 변신은 단순히 앞만 보고 나아가는 발전의 형태가 아니라 순환적 자기완성의 여정이다.

낙타가 사자가 되는 촉매는 '자유를 향한 의지'이다. 이 단계에 이르러서야 비로소 개인은 '나는 무엇을 원하는가'라는 질문을 스스로 던질 수 있다. 다음 단계인 어린아이로 도약하기 위해서는 투쟁이나 파괴만으로는 삶이 궁극적으로 긍정될 수 없다는 인식이 필요하다. 어린아이의 핵심 특징 중 하나는 '망각'이며 이는 과거의 모든 짐과 투쟁의 잔재로부터 정신을 해방시키는 철학적 정화 행위이다. 그제야 비로소 정신은 삶의 예술가가 될 수 있는 순수한 출발점에 선다.

서화성의 이번 시집은 이러한 단계로 나아가고 있음이 엿보인다. 이 과정에서 시인은 필연적으로 분노와 견딤의 단계를 거친다.

불길했던 밤이 지나가네

작은 술집에서 들었던 박수와 함성은

오랜 침묵을 만들었네

늦은 밤, 대로변에서 오줌을 갈기는 여자

자유를 찾아 떠나는 여자

물푸레나무 같은 여자

사는 게 죽은 꽃 같다며

당항포 굴다리 밑으로 파고드네

시끄러운 바람이 갈대처럼 흔들리네

갈대가 죽은 좆처럼 누워 있네
─「갈대」 전문

  이 시는 한 연을 하나의 행으로 제한함으로써 언어를 최소화한다. 각 행은 독립된 사유 단위로 말보다 침묵이 더 큰 의미를 내포한다. 독자는 행과 행 사이에서 정지하며 그 여백의 의미를 생성한다. 이러한 구조는 내면의 파동이나 시간의 흐름을 점멸 형태로 보여준다. 각 행이 하나의 완결된 이미지 혹은 사유로 존재하기 때문에, 각 연마다 독립된 섬처럼 의식이 동떨어져 있다. 이는 서정의 과잉을 거부하고 고통이나 기억과 같은 것들을 담담하게 배치하는 역할을 한다. 각 행은 단절된 이미지로 흩어져 있으며 '불길했던 밤'에서 '죽은 갈대'에 이르는 시간의 연쇄는 원인과 결과로 이어지는 것이 아닌 파편화된 인식을 보여준다.

시에 등장하는 "여자" 역시 "대로변에서 오줌을 갈기는 여자"로 사회적 도덕 경계의 바깥에 서 있다. 그러나 동시에 "자유를 찾아 떠나는 여자"이면서 "물푸레나무 같은 여자"로 이어지며 비천함에서 자유, 그리고 생명의 이미지로 전이된다. 이러한 전이는 타락한 여성을 그리는 것이 아닌 자유를 향한 육체적 저항을 의미한다. 시인은 여성을 통해 세상의 금기에서 벗어나 자유를 향하는 내면의 움직임을 그리고 있는 것이다. "죽은 좆처럼"이라는 노골적인 비유는 생명의 상징을 죽은 성기의 이미지로 전복시키는데, 극단적이고 원초적인 은유가 가진 언어적 폭력성은 언어의 금기를 파괴해 독자가 기대하는 시적 위로의 틀 자제를 허문다.

통풍도 중독이지
잊을 만하면 다시 살아나는 수수께끼처럼

…(중략)…

앞서거니 뒤서거니

뒤죽박죽 우당탕탕

중독은 요란하거나 시끄럽지 않아

조용히 찾아와서 천천히 물들고 적시거든

그게 중독이야

나도 모르게 중독이 되어버렸어

중독이야

온몸이 중독이야

―「중독」 부분

"통풍"은 육체의 고통이다. 그러나 시인은 이를 병으로 규정하지 않고 "중독"으로 명명한다. 이러한 전환은 고통을 생의 반복 구조로 확장한다. 서화성의 시 세계에서 고통은 일회적인 사건이 아니라, "통풍"처럼 "잊을 만하면 다시 살아나는 수수께끼"이다. 시인에게 고통이란 결국 피할 수 없는 삶의 일부가 되어버린 중독과 같다. 시인은 중독을 "모르핀처럼 끊을 수 없는" 혹은 "외로움이 가까이 있다는 것"이라고 묘사해 고통과 외로움이 조용히 스며들어 뼛속 깊이 물들어 버린 실존적 상태를 그려낸다. 중독을 통한 죽음의 자각은 단순한 추상적 개념이 아니라 몸으로 체감되는 현실이다. 중독은 감정의 무덤화를 가속화하며 내면의 사망 선언을 동반한다. 이러한 일상적 고통의 영속성은 니체가 말한 낙타의 시간을 심화하는 양상으로 나타난다. 서화성은 중독의 감각을 과장하지 않고 고통을 미화하지도 않는다. 감정이 아닌 인식의 차원에서 기술하고 있으며 고통은 결코 사라지는 것이 아니라는 것, 그럼에도 그것을 삶의 일부로 받아들이는 잔혹한 생존의 철학, 혹은 조용한 절망의 윤리학을 드러내고 있다.

    버리지 못하는 건
    아마도 병중에서 무서운 중병이라고 들었다

    …(중략)…

    십 년이 지났다
    이십 년이 지났다
    삼십 년이 지났다

    집착을 버리려고 가구 백화점에 간다
    걸음이 느리다가 멈춘다 그리고 빨라진다
    언제나 한결같은 집착
                          —「집착」부분

시 「집착」에 등장하는 냄비, 모자, 그릇, 수건, 운동화, 셔츠, 가방, 안경, 외투, 밥통, 물이 새는 고무장갑, 비린내가 사라진 액젓, 파란색이었던 흰 청바지 등의 일상 생활용품은 사라진 잔재이자 기억의 보관소이다. "집착"은 병이지만 동시에 생의 증거이기도 하다. 버리지 못하는 집착을 통해 시적 화자는 시간의 흔적을 붙잡고, 자기 존재를 복원한다. 시에서는 사물들을 통해 인간의 기억이 사물화되는 과정을 시각화하는데, 사물의 잔존은 죽은 자의 잔존이며, 버리지 못하는 행위는 죽음과 대항하는 무의식적 몸부림이다. 때문에 "집착"은 단순히 병으로 그려지는 것이 아니라 기억을 통해 다시 삶을 붙들고자 하는 본능적 행위로 읽힌다. 버려야 할 물건, 끊어야 할 습관, 그리고 벗어나야 할 고통마저도 십 년, 이십 년, 삼십 년을 끌어안고 살아가는 행위는 결국 자기 자신에게 깊이 중독되고 집착할 수밖에 없는 인간 존재의 근원적인 형벌이다. 시에서 말하는 집착은 단순히 기억을 붙잡는 소극적 행위가 아니라 시간과 소멸에 대한 주체의 적극적인 항거이자 고통을 존엄의 통로로 삼는 실존적 형벌인 셈이다. 이는 궁극적으로 '낙타의 짐'을 자발적으로 지속시키려는 아이러니한 '생의 의지'이며 위안을 거부하고 고통을 존엄의 통로로 삼는 '반反 위안'의 핵심적 아이러니를 구현한다. 버리지 못하는 사물과 감정은 곧 존재의 흔적이며, 이는 끝나지 않은 죽음이 어떻게 일상을 잠식하는지를 상징적으로 보여준다. 일상의 고통 속에서 자기 존재를 확인하는 실존적 항거인 셈이다.

요즘처럼 살았던 날이 없었어

산다는 건 힘든 일이지, 낙타가 바늘구멍에 들어가는 것처럼 말이야

숨 쉰다고 다 살아있는 건 아니지

안 그래. 씨발, 씨발

…(중략)…

난데없이 몸속에서 용종 몇 개가 자라고 있다는 거야

허락도 없이 제 집처럼

그게 전부는 아니었어

말로 다 하면 내 입만 아프잖아

이런 씨발, 씨발

…(중략)…

입에 가득 가래침을 모아서 세상에 뿌리고 싶었어

듣지도 먹어보지도 못한 약이 갈수록 수북했어

어찌하겠어, 두 눈 꼭 감고 물 마시듯 한 뭉치 삼켰지

이런 씨발, 씨발

—「씨발, 씨발」 부분

이 시에서 입은 고통을 폭로하는 통로이며 욕설은 절망 속에서 터져 나온 억눌린 자의 첫 맥박이자 분노의 표현이다. 이 시는 거친 언어를 통해 독자들로 하여금 모멸과 실패, 책임이라는 고통스러운 순간을 윤리적으로 직면할 것을 요구한다.
 '씨발'은 일반적으로 금기된 폭력적인 언어지만 시인은 이를 고통을 진술하는 언어적 진실로 승화시킨다. 이 욕설이 반복되는 건 존재가 스스로를 확인하는 리듬이며 사회가 감추려는 고통과 불안을 폭로하는 기제이다.
 "몸속에서 용종 몇 개가 자라고 있다는 거야/ 허락도 없이 제 집처럼"이라는 구절에서도 보듯이 시인은 자기 신체를 타자화해서 바라보고 있다. 신체 내부에 침입한 병리적 타자는 존재의 통제 불능 상태, 즉 삶이 자기 의지로부터 멀어진 비극을 드러낸다. '허락도 없이'라는 표현은 생명과 죽음의 경계에 느끼는 주체 상실의 공포와 맞닿아 있다. 그럼에도 삶은 치료의 과정이 아니라 매일 약을 삼키는 반복적 생존 행위로 축소된다. 이것이 냉정한 생존의 윤리다. "어찌하겠어"라는 말로 절망의 무게를 담담히 수용하는 자조적 체념, 그 안에서 여전히 살아남은 자의 의지가 반영돼 있다.
 죽음은 이러한 욕설조차도 금기된 세계다. 그러나 죽음을 자각한 이후에는 그동안 억눌렸던 분노들이 욕설이라는 가장 원초적인 언어로 그려진다. 여기에 사용된 욕설은 깊은 절망을 드러내기도 하지만, 한편으로는 세상을 향한 저항의 언어이기도 하다. 구원의 약속을 유예하는 언어, 반복되는 욕설의 발화는 '분노의 단계'에 있지만 말을 잃었던 존재의 첫 번째 발화라는 점, 그리고 죽음을 통과한 언어의 첫 맥박이라는 점에서 언어의 재활을 상징한다.

> 너는 언제나 그렇지 아니다, 그랬다
> 날씨가 무던히도 뜨거운 날
> 당신을 업고 벚꽃이 만발하던 벚꽃 동산에 올라가기도 하고
> 동해 바다가 구름처럼 밀려오는데도 너는 달렸어
> 개나리와 해바라기가 피고 국화와 동백이 지고
> 어디든 갔었지 아니다, 갔었다. 너는
>
> 아주 가끔은 다리 하나가 빠지기도 했지만
> 그래도 행복했어 아니다, 행복했지 라고 웃었다
> ―「명륜동」 부분

이 시에서 문장들은 연속적으로 단절되고 각각의 서술이 곧바로 취소되는 형식을 취한다. 특히 사람과의 기억에 관한 부분은 유독 확정 진술 직후에 부정과 수정이 연쇄되는 파편화된 언어의 잔향을 남기며 내면적인 독백의 리듬을 형성한다. 시의 제목으로 사용된 "명륜동"은 기억의 지리학적 은유이다. 그곳은 한때 너와 내가 존재했던 생의 좌표이자 현재는 부재의 시간으로 남은 장소다. 그런 장소를 떠올리며 "행복했어 → 아니다, 행복했지", "갔었지 → 아니다, 갔었다" 등으로

이어지는 구조는 확정된 의미를 끊임없이 부정하는 언어의 자기 해체를 보여준다. 이 부정과 수정의 연쇄는 완결된 의미, 위로하는 서사, 확정된 진술 자체를 거부하는 '사자'의 형식적 명령으로 기능한다.

  시인은 기억을 믿지 못하면서도 버리지도 못하는 양가적 심리 속에 있다. 이 시 전반에 걸쳐 '살았던 시간'과 '현재의 부재'가 교대로 진동한다. 벚꽃, 개나리, 해바라기, 국화, 동백으로 이어지는 계절의 순환은 생의 반복과 소멸의 리듬을 상징하지만 그렇다고 단순히 자연의 흐름을 묘사하고자 하는 것이 아니라 건조한 단어의 나열을 통해 계절조차도 사물화되는 과정을 드러내고자 한다. 감정의 현재화가 부정되고 위로의 언어가 요구하는 "너는 믿어야 한다"라는 명령을 "나는 아무것도 확정하지 않겠다"라는 부정의 언어로 바꾸는 이 형식적 저항은 낙타가 짊어진 언어의 짐을 파괴하는 '사자의 시간'인 셈이다.

  고통을 짊어졌던 낙타의 시간은 결국 사자의 형식으로 폭발한다. 반 위안의 언어는 바로 그 파열 속에서 재구성된다. 시인은 상처를 봉합하는 대신 상처의 질감을 그대로 유지하면서 독자에게 해석을 요구하는 미학적 태도를 견지한다. 언어는 진술을 완결하지 못하고, 부정과 수정의 연쇄 속에서 감정의 파편을 남기지만 이는 시인이 완결된 인식을 독자에게 제공하지 않으려는 자기검열이자 자아 복원의 한 방편이다. 이처럼 의미 봉합을 보류하는 것은 곧 '반 위안'의 핵심 장치가 된다.

신체, 사물, 그리고 문명 비판

서화성의 시에서 신체의 다양한 기관들은 죽음 속에서도 계속 움직이는 존재의 증명으로 나타나는데, 그중에서도 신체에 가해지는 고통은 가장 고독한 방식으로 드러난다.

> 등에서 나온 사람이 있다
> 등이 굽은 채 기어다니는 사람이 있다
> 바닥에 등을 밀고 다니는 사람이 있다
>
> 낫처럼 휘어진 등
> 아픔에 눌린 등
> 엿가락처럼 늘어난 등
>
> …(중략)…
>
> 바닥이 깊을수록 바닥이 되는 사람이 있다
> 선암사 홍매화가 피는 것처럼
> 걱정 없는 일을 등에 지고 바닥을 닦는 사람이 있다
>
> 실령, 바닥만을 닦는 것이 아닐 것이다

지나온 생을 닦고 있을지도 모를 일이다

—「등」 부분

  시에서 "등"은 변형되고 고통받는 육체를 폭로하며 운명이나 고난의 무게를 짊어지는 상징이 된다. 시인은 존재의 기원을 등으로부터 시작한다. "등"은 인간이 세상과 관계 맺는 비가시적 부위로 시에서 상징하는 것은 사회에서 눌리고 굽은 인간의 존재적 실루엣이다. 시에서는 신체의 왜곡을 구체적 사물로 전이시키는데 등과 병치하는 "낫"이나 "엿가락" 등은 일상의 노동과 고통의 상징물이다. 시인은 이러한 사물화를 통해 인간의 고통이 개인적인 것이 아니라 생존의 보편적 구조임을 암시한다.

  그리고 고통의 절망 속에서도 또 다른 깊이를 생성하는 인간의 내면 구조, 즉 "지나온 생을 닦"으며 삶의 윤리를 수행하는 사람의 모습을 그려낸다. 이는 고통의 정화를 끌어내며 미움과 절망을 윤리적으로 승화시키는 역할을 한다.

평생을 두고 두 손에 꼽을 일이다
손 모양은 알겠는데 손맛은 알 리가 없다

손잡는 일이 죽기보다 싫은 손
무슨 팔자처럼 기가 센 손

…(중략)…

냉기가 돌아 쌀쌀맞은 손
차가운 손
내성적인 손
손, 손, 손이 아닌데
나 모르게 봉선화 문신을 했나 싶기도 했다
―「매화꽃이 피다」 부분

 손은 인간관계의 감각기관이며 잡는 행위는 연결과 신뢰를, 놓는 행위는 단절과 상실을 의미한다. 시인은 시각 대신 촉각의 기억으로 인간 사이의 온기를 떠올리지만, 안타깝게도 그 손은 냉기가 도는 차가운 손이다. 시인은 그것은 손이 아니라고 단언한다. 이는 비인간화된 현실 속에서 고립된 주체가 겪는 감각의 무덤화를 촉각적으로 표현한 것이다. "매화꽃"은 "봉선화"와 대비되는데 매화는 추운 겨울에 피어나는, 즉 고통 속에서도 환하게 피어나는 존재를 상징한다.

 "손 모양"은 외형의 인식이고, "손맛"은 관계의 감각이다. 시적 화자는 형태는 알지만 감각은 상실한 상태다. 인간적인 교감이 끊기고 촉각도 없이 냉각된 인간관계의 현실을 드러낸다. 손이 세상과 만나는 첫 기관이자 타인을 향한 감각이라면 "기가 센 손"은 스스로 생을 통제하려는 의지, 혹은 운명과의 대결 태도를 암시한다. 이 손은 관계 맺기보다는 자기 생존을 우선하는 방어적 신체이다. "냉기", "쌀쌀맞음", "차가움", "내성적"이라는 연쇄는 점차 물리적 온도에서 심리적 온도로 이행한다. 손은 단순히 차가운 것이 아니라 감정의 차단벽이 되며 여기에서 손은 더 이상 교류의 도구가 아닌 단절의 표식으로 작동한다.

시인은 순한 "봉선화"의 이미지에 기가 센 "문신"이라는 단어를 결합시켜 영구적인 상처의 이미지를 부여한다. 즉 시적 화자도 모르는 사이에 과거의 상처나 고통이 몸에 새겨진 존재임을 자각하는 것이다. 지금은 봉선화 물이 들어 빠지지 않듯 고통은 온몸에 스며들어 있지만 그 기억은 한때 "계절 하나가 없어지는 것보다/ 더한 그리움"(「문신」)의 모습을 했었을지도 모른다.

> 발의 주인을 찾습니다
> 발, 발, 발
> 동동거리는 발
> 속삭이는 발
> 발, 발, 발 무슨 발
> 발, 발, 발 누구의 발
> 어디 어디 숨었나
> …(중략)…
> 발이 발에게 안부를 묻는다
> 발이 발에게 사랑을 속삭인다

발이 발보다 앞서거나

발이 발끼리 부딪히거나

다투는 발이 없다

─「발의 천국」 부분

  발은 인간이 땅 위에 존재함을 증명하는 신체 기관이다. 시인은 발을 통해 현실에 닿아 있으면서도 방향을 잃은 인간의 근원을 묻는다. 사회적 위계나 권력의 상징인 '얼굴' 대신 삶의 바닥을 지탱하는 '발'을 중심으로 한 이 시에서 발은 주로 "동동"거리거나 "퉁퉁 부은" 발들로 드러난다. "발의 주인을 찾"는다는 말은 자아 상실의 시기에 '나'의 존재를 찾는 행위이다. 발은 스스로 '나'를 찾는 행위, 혹은 주체보다 먼저 움직이는 존재의 불안과 생의 부유를 드러내는 장치로 등장한다. 한편으로 손이 관계를 맺는 기관이라면 발은 모두가 같은 높이에서 세상을 딛는 기관으로 사회적 구분이 사라진 평등한 존재의 은유다. 서화성에게 있어 발은 삶을 건디며 움직이는 존재의 근본적인 기관이자 평등한 사회에서 살아 있음, 혹은 살고 싶음을 증명하는 기관이다. "발, 발, 발"의 반복 호명은 리듬감을 만들어 내기도 하지만, 이 리듬은 존재를 부르는 기도이자 익명의 다중적 생명체를 상징한다. "발이 발에게 안부를 묻"는 행위는 위계가 사라진 평면적 관계, 타자와의 수평적 공존을 표현한다. 경쟁이 제거된 세계, 혹은 부딪히거나 다투지 않는 비폭력의 공동체를 시적으로 형상화한다. 궁극적으로 이 시에서 표현된 "발"은 존재의 낮은 자리에서 시작된 연대의 시학으로 볼 수 있다.

> 한때 집은 차갑고 쓸쓸했다
> 집이 보내온 온도는 먹다 버린 과자 봉지처럼 중요하지 않았고
> 아침에 먹는 밥은 단단하고 돌처럼 굳어 있었다
>
> 구렁이처럼 냉기가 스며드는 집
> 수국이 어울리는 집
> 천사가 살았다는 집
> 집, 여전히 집, 아직은 집
>
> ―「비워 둔 집」 부분

시적 화자에게 있어 "집"은 존재가 정박하는 장소로 기능하지 않고 오히려 정체성을 상실한 은유로 작동한다. 냉기가 도는 집은 내면의 허기와 소멸한 감각을 그려내는 사물이며 "비워 둔 집"은 부재의 철학을 담고 있다. 집은 생존을 가능케 하는 최소 단위이지만 누군가에게 집은 고통을 떠올리게 하는 공간일 수도 있다. 서화성은 그 공간을 미화하는 대신 "구렁이처럼 냉기가 스며드는 집"이라고 표현하며 고통을 가감 없이 드러내고 이에 따라 독자는 시를 통해 억눌린 기억 속의 집을 소환하게 된다.

시인은 집을 감정이나 관계의 공간으로 보지 않는다. "집이 보내온 온도"는 관계의 체온이나 사랑의 흔적을 뜻하지만, 그것은 "먹다 버린 과자 봉지"로 비유되며 무기력하고 버려진 정서적 존재로 전락한다. 이 시의 공간은 이미 따뜻함이 철수된 세계, 체온이 없는 인간관계의 표상이다. 생존의 상징이어야 할 "밥은 단단하고 돌처럼 굳어" 있을 만큼 삶의 반복이 더 이상 생을 지탱할 수 없는 상태로 관성화되어 있음을 보여준다. 그럼에도 시인은 여전히 그 속에서 "수국이 어울리는 집"을 기대하고 "천사가 살았다는 집"을 기대한다. 마지막 행에서 "여전히 집"과 "아직은 집"이라는 표현에서는 시간의 흐름에 따른 변화는 인정하면서도 장소의 정체성은 포기하지 않는 언어의 저항이 감지된다. 시인은 상실을 미화하지 않으면서 그 상실을 받아들이는 담담한 태도를 유지하고 있다. 단순히 상실을 이야기하는 것이 아니라 사라진 삶의 자리에서도 인간은 여전히 살아 따뜻함을 떠올리고 있다는 냉정하면서도 따뜻한 선언으로 읽힌다.

이처럼 서화성의 시에서 신체나 사물들은 단순한 배경으로 기능하지 않고 '죽어 있는 일상' 속에서 삶의 감각들을 증언하는 매개체로 기능한다. 즉 고통을 버리지 않음으로써 생을 붙들고자 하는 실존적 형벌인 셈이다. 시집의 제목에서처럼 "너무 오래 죽어 있었"던 존재가 다시 살아 움직이기 위한 징후로 읽히는데, 이러한 일상에서 느끼는 고통의 징후들은 한 걸음 더 나아가 다시 폭력으로 재현되면서 지구의 고통으로까지 확장되고 있다.

> 핏줄이 뚝뚝 끊어지기도 하고
> 썩은 물은 구멍으로 흘러 들어간다
> 짙은 소음
> 무단 쓰레기
> 그럴수록 지구는 몸살 중이다
>
> …(중략)…
>
> 어디가 아픈지 물을 생각이 없는 y
> 구멍과 구멍이 뚫린 허리
> 잘못을 모른다는 y
>
> ―「y에게」 부분

  이 시는 인간의 탐욕과 지구의 파괴를 다룬 것으로 '윤리적 우주관'이 잘 드러나는 작품이다. 냉각된 감정은 육체의 감각으로 전이되고, 이는 곧 지구의 고통으로 확장되고 있다. 시는 지구를 하나의 신체로 비유하며 육체와 지구의 경계를 허문다. 핏물과 썩은 물은 생태계의 피와 분비물이며 인간의 탐욕이 만들어 낸 오염의 결과이다. 시인은 환경오염을 넘어 인간 문명의 병리 현상을 진단한다. 시에서 "y"는 무감한 인간이며 책임을 회피하는 인간으로 그려지는데 공감 능력까지 결핍되어 있다. "y"는 특정한 비판의 대상이 아니며 모든 인간이 이미 "y"가 되어버린 시대의 자화상이다. 서화성은 고통을 호소하는 것이 아니라 이러한 고통의 상황들을 마치 진단서나 보고서 작성하듯이 써 내려감으로써 도덕적 냉정함의 진실을 드러낸다. 지구의 병은 인간의 무관심이라는 병의 이름으로 다시 우리에게 돌아오는 순환을 그려내고자 하는데, 비판의 언어가 절제되면서 독자는 상황을 냉정하게 판단하게 되고 오히려 생각의 여지를 갖게 되는 것이다.

감각의 전위와 언어의 해체적 놀이

> 남자가 사라진다 연기가 사라지고 비밀이 사라진다 모자가 사라지고 바구니가 사라진다 물고기가 사라지고 고양이가 사라진다 피아노가 사라진다 식탁이 사라진다 저녁이 사라지고 가방이 사라지고 라디오가 사라진다 겨울이 사라진다 남자 8이 사라지고 여자 13이 사라진다 무대가 사라진다 바다가 사라지고 하늘이 사라진다 구름이 사라진다 허수아비가 사라진다 봄이 사라지고 가을이 사라진다 국화가 사라지고 새벽이 사라진다 별이 사라진다 사막이 사라지고 눈사람이 사라진다 무지개기 사라진다 아침이 사라지고 우주가 사라진다 여름이 사라진다 사라진다 사라진다 여자가 사라진다
> ―「달력」 전문

이 시는 사자에서 어린아이로 이행하는 임계의 순간을 가장 극명하게 보여주는 작품이다. 부정의 언어가 소진되고 '무'의 상태를 통과하는 정화의 언어이다.
　"사라진다"의 반복은 부정의 수행적 언어이다. 시인은 '남자', '여자', '하늘', '우주' 등 존재의 전 범위를 소거하며 결국 언어 자체마저 무화시키고자 한다. 이는 사자의 언어가 도달한 최종점, 즉 모든 것을 부정함으로써 자기 자신마저 사라지는 지점인 것이다. 그 부정의 총체성 속에서 언어는 의미를 잃고 순수한 리듬, 즉 반복의 놀이로 환원된다.
　여기에서 "달력"은 시간의 상징으로 달력이 사라진다는 것은 곧 역사, 기억, 질서로서의 시간이 해체되는 사건이다. 다시 말해 사자의 시간이 끝나고 어린아이의 시간인 놀이의 시간으로 이행하는 것이다. 부정이 극에 달해 긍정으로 넘어가는 단계, 그 경계를 보여주는 시라고 할 수 있다.

　　　당신은 길쭉한 목구멍이 특징이에요
　　　그렇다고 목소리가 좋다는 말은 아니고요
　　　다시 말해 불고기를 목전에 두고 목구멍이 넓어져요
　　　커다란 눈 속에 맛이 가득하네요
　　　모나리자 같아요
　　　최후의 만찬을 즐기는 건가요
　　　고기가 익는 동안 눈으로 맛을 보아야 해요
　　　눈맛, 눈맛, 눈맛 ······

─「눈맛」 부분

   어린아이는 세계를 새롭게 이름 짓는 자다. 위의 시 「눈맛」에서 시인은 감각의 위계를 다시 설계한다. 미각이 시각으로, 먹는 행위는 보는 행위로 전환된다. 이는 기존의 감각 질서를 해체함으로써 새로운 감각 놀이를 창조하는 행위이다. 니체가 말한 '어린아이'의 단계라 할 수 있다. 앞서 보았던 시에서 낙타의 순종과 사자의 파괴 이후 남는 것은 세계와 화해한 놀이하는 감각이다. "눈맛, 눈맛, 눈맛 …… "의 반복은 언어를 다시 배우는 어린아이의 반복된 리듬과 같다. 세계를 다시 보는 법을 배우는 과정, 즉 자유로운 감각의 재탄생인 셈이다.

   지글지글
   보글보글

   빨간색을 넣을까
   노란색을 넣을까
   파란색을 넣을까
   맛을 내기 위해 갖은 색깔을 만들어 넣는다

   요리책 〈단맛을 내는 레시피〉가 경매에서
   최고가를 갱신하는 날

> M은 오른손을 턱에 받치고 안도의 미소를 짓는다
> 책을 갈기갈기 찢고 있는 m
> 책을 질근질근 씹고 있는 M
> M, m 뭐 하고 있니
>
> 잠에서 깨어난 m
> 무슨 맛이 좋을까, M
> 눈알을 만들고 귀를 만들고 입술을 그리고 있었어
>
> ―「피카소 m과 M」 부분

  이 시에서 "M"과 "m"의 관계는 그림이라는 창조와 찢고 씹는 파괴의 순환 속에서 자기 창조의 유희를 수행한다. "지글지글", "보글보글" 이라는 의성어로 촉각적 리듬을 열고 시각화된 문장으로 감각의 세계를 구축한다. 책을 찢고 씹는 행위는 지식의 파괴를 의미하면서도 동시에 새로운 예술을 잉태하는 가능성을 내포한다. 사자의 저항이 끝난 자리에서 어린아이는 모든 가치의 전환을 놀이로 수행하는 것이다. 이때 "M"과 "m"은 분열된 자아가 아니라 창조의 반복 가능성을 의미하는 존재로 등장한다. 피카소의 해체적 미학이 독자들에게는 '창조는 파괴를 수반할 수밖에 없는가'라는 질문을 되뇌게 한다. 단순하면서도 어린아이의 시선으로 바라보려는 시도가 엿보이는 시이다.

당신은 사슴

　　　당신은 타조

　　　당신은 말

　　　당신은 공작

　　　당신은 용서

　　　당신은 포용

　　　당신은 허공

　　　당신은 ( )

　　　　　　　　　　　　─「당신은」 부분

　이 시에서 "당신"은 부정의 잔여가 사라진 순수하고 긍정적인 호명이다. 그런 당신을 향해 "사슴, 타조, 말, 공작" 등으로 나열하며 존재를 다시 부르는 창조적인 놀이의 형태를 지닌다. 심지어 마지막에는 괄호 속 공백까지도 "당신"의 범주에 포함시킨다. 이러한 공백은 세계의 가능성이자 놀이의 열린 장으로 기능하며 반反 위안의 시학인 '말할 수 없는 것을 남겨두는 언어의 윤리'를 구현한다. 존재의 본질을 바꾸지 않고 단지 새로운 놀이를 만들어 노는 어린아이의 행위는 곧 무구한 창조로 이어지는 지점이다.

　앞서 언급한 네 편의 시는 낙나의 복종과 사자의 분노를 통과한 이후 도달한 창조적 무구함을 보여준다. 시인은 고통과 파괴를 거쳐 언어의 놀이로 복귀하는데 이러한 놀이 속에서 감각은 다시 태어나고, 예술은 파괴를 통해 자유로워지며, 존재는 무한한 가능성으로 열린다.

'밥 먹기'와 생존의 윤리

서화성의 시는 고통을 덮거나 미화하지 않으며 오히려 위로를 거부함으로써 인간의 존엄을 되찾는다. 시인은 고통을 피하지 않고 정면으로 통과하고자 하며 고통을 통해 존재의 본질을 깨닫는다. 또한 사회적 위선이나 감정의 위안을 부정하며 거친 언어로 진실을 폭로한다. 중독이나 집착, 죽음조차도 인간다움을 회복하는 통로로 제시하며 죽음을 통과한 언어는 욕설과 파편화된 종결어미로 되살아난다. 서화성의 시는 위로가 아닌 생의 지속, 감정이 아닌 인식, 절망이 아닌 존엄을 통해 시의 궁극적인 태도를 이끌어간다. 다시 말해 고통을 부정하지 않고 통과함으로써 인간다움을 복원하려는 시적 윤리이자 죽음을 견디며 다시 살아내는 존재의 미학을 이번 시집에서 잘 보여주고 있다.

서화성은 "환승역"이 제시하는 죽음과 삶의 경계를 통과한 이후 다시 살아 있는 자의 시간으로 돌아온 화자가 의례적으로 수행하는 행위로 '밥 먹기'를 다룬다.

밥을 먹는다
사람들이 낯설지 않게 밥을 먹는다

…(중략)…

농담을 주고받고 떠들고 웃고 울고

밥을 먹고 밥을 먹고 밥을 먹는다

―「밥을 먹는다」 부분

'밥 먹기'는 생존의 최소 행위이자 부활의 상징이다. 또한 "밥을 먹는다"라는 행위를 지속적으로 반복하는 건 단순한 생존 행위를 넘어 부활의 상징이자 주체적인 실존 윤리이다. 이전까지 죽은 자의 시선으로 바라보던 세상이 다시 "낯설지 않게" 인식되기 시작하는 것, 이를 통해 화자는 더 이상 죽은 자가 아님을 선언하는 것이다. 즉, 밥을 먹는 행위는 삶으로 돌아오기 위한 첫 번째 움직임인 셈이다.

"지진이 일어나고 땅속으로 들어"가도 "사람들이 땅속으로 들어"가도 여전히 "밥을 먹는다"라고 선언하는 것은 절망 속에서도 삶을 포기하지 않겠다는 강한 의지이며 살아남은 인간의 저항을 가장 단단하게 응축하는 서화성 시의 핵심 미학이라고 볼 수 있다. 죽음이 일상이 되어버린 시대에 "밥을 먹는다"라는 최소한의 행위의 반복은 절망적인 시스템과 익명성 속에서도 외부의 위로나 논리에 의존하지 않고, 지금, 여기에 '던져져 있는' 자기 자신을 받아들이며 스스로의 생존을 결정하는 결단적 행위이다. '죽음의 가능성'을 앞세움으로써 삶의 모든 순간을 본래적으로 사는 행위로 치환하는 것이다.

서화성에게 있어 '반 위안'은 위로를 거부하고 죽음을 견디며 살아내는 것이 아니라 고통을 존재의 필수 동력으로 삼아 삶을 적극적으로 긍정하는 태도에 있다. 시인은 고통을 제거하는 위안을 거부하는 대신 고통 자체를 정화의 통로로 사용한다. 낙타의 고통을 직시하고, 사자의 언어적 파괴를 거쳐, 결국 고통과 불안을 인식하면서도 그것과 공존하면서 생을 영위하려는 순수한 의지를 선언하는 것이다. 고통을 통합하고 그 속에서 새로운 윤리적 태도를 창출하는 이러한 방식은 절망을 이겨낸 자의 조용한 선언이자 생의 의지를 회복하는 초월적 긍정으로 작용한다.

    정오의 사람이 지나갑니다

    한낮의 열정 같은 사람이 지나갑니다
    거품 같은 사람이 지나갑니다
―「정오」 부분

정오는 태양이 가장 높이 뜨고 그림자가 사라지는 순간이다. 고통을 통과한 몸이 '정오의 빛'을 맞는 순간 서화성의 시의 세계는 '살아 있는 시간'으로 돌아온다. 그 순간에 '지나가는 사람'은 죽음을 지나 삶으로 복귀한 인간의 형상이며, "한낮의 열정 같은 사람"은 죽음의 냉기를 뚫고 도달한 생의 온도를 표현한다. '정오'의 세계는 더 이상 죽어 있음의 차가운 세계가 아니라 빛과 시간 속에서 모든 것이 살아 움직이는 따뜻한 세계이다. 살아 있음의 자각이자 생의 회복이 도달한 어떤 순간이기도 하다. 그럼에도 그들이 "거품" 같은 건 이미 죽음을 건너왔거나 혹은 다시 죽음으로 건너갈 것을 알고 있기 때문이다. 삶과 죽음이 대립하지 않고 한 공간에 공존하고 있음이며 죽음을 견디고 삶을 통합하며 다시 세상을 '지나가는' 인간으로서의 복귀를 기록한다.

> 다시 아침이 온다
> 한동안 악몽에 시달리는 날이 많아질 거야
> 보이지 않는 사람이 보였고
> 처음 걷는 길을 걸었고
> 뒤척이던 악몽에서 벗어나지 못했어
> 다시 아침이 온다
> 확실히 기억은 없었지만
> 한때 아침에서 나온 적이 있었어
> 그럴 때면 심하게 갈비뼈에 눌리기도 했고
> 성탄절 종소리를 듣지 못했어
> 들을 수가 없었지
> 누가 왔다 갔는지 모르겠어
> 남산만 한 배가 부르지 않았어
> 사실을 말하는데
> 다시 아침이 온다

―「다시 아침이 온다」부분

 서화성은 시에서 "다시 아침이 온다"라는 문장을 감정의 진술 없이 반복적으로 사용하면서 감각의 회복을 증언하고 있다. '밀린 월급', '닫힌 식자재 마트', '냉장고 문에서 떨어질 듯 위태로운 쪽지' 등 현실적인 사물들이 나열되면서 시적 화자는 여전히 삶의 불안과 결핍 속에 있다. 그러나 시에서 보이는 "~거야", "~했어" 등의 어투는 시적 리듬을 만들어 내면서 이 시가 단순히 절망의 서정이 아닌 복귀의 진술로 읽히게 한다. 마치 죽어 있던 몸에서 다시 맥박이 뛰듯이 시인은 여전히 어둠 속에 있지만 "다시 아침이 온다"라는 진술을 통해 비록 희망은 아닐지라도 삶을 다시 살아낼 의지의 시간을 보여준다. 즉, 서화성은 고통의 긍정적 순환을 보여주면서 절망 속에서도 고통을 긍정적으로 수용하며 윤리적 존재로 재착지하는 것이다.

 서화성의 시는 더 이상 위로하지 않는다. 대신 살아내기를 절차화한다. 반복은 위로보다 오래 지속된다. 그는 고통을 통해 인간의 존엄을 복원하며, 죽음을 일상의 질감 속으로 끌어들인다. 서화성은 절망의 언어를 인간 존재에 대한 응시로 바꾸고 삶을 적극적으로 긍정하면서 고통 자체를 정화의 통로로 사용한다. 죽음과 삶의 경계를 통과한 화자가 밥 먹기를 반복하는 행위, 절망 속에서도 삶을 포기하지 않겠다는 강한 의지는 살아남음 자체가 곧 윤리적 행위임을 보여주는 지점이다.

낙타의 고통 직시와 사자가 보여준 언어의 자기 해체라는 형식적 저항을 거쳐 결국 고통과 불안을 인식하면서도 그것과 공존하며 생을 영위하려는 순수한 의지를 선언하는 것, 이것이 서화성 시집이 갖는 궁극적인 태도이다. 죽음이라는 근원적 불안을 인식하면서도 그것과 공존하며 생을 영위하려는 순수한 의지를 선언하는 것, 이를 통해 "너무 오래 죽어 있었던" 존재가 "다시 아침이 온다"로 나아가는 길, 그것이 이번 서화성의 시집이 독자에게 남기는 궁극적인 '반反 위안의 미학'이다.

| 서화성 |

경남 고성 출생. 2001년 『시와사상』으로 등단했으며, 시집으로 『아버지를 닮았다』 『언제나 타인처럼』 『당신은 지니라고 부른다』 『사랑이 가끔 나를 애인이라고 부른다』 『내 슬픔을 어디에 두고 내렸을까』 『미인』이 있다. 제4회 요산창작기금을 받았다.

이메일 : kitjoy@hanmail.net

현대시 기획선 144
나는 너무 오래 죽어 있었다

초판 인쇄 · 2025년 11월 20일
초판 발행 · 2025년 11월 25일
지은이 · 서화성
펴낸이 · 이선희
펴낸곳 · 한국문연
서울 서대문구 증가로29길 12-27, 101호
출판등록 1988년 3월 3일 제3-188호
편집실 | 서울 서대문구 증가로31길 39, 202호
대표전화 302-2717 | 팩스 · 6442-6053
디지털 현대시 www.koreapoem.co.kr
이메일 koreapoem@hanmail.net

ⓒ 서화성 2025
ISBN 978-89-6104-406-6 03810

값 13,000원

* 이 시집은 2025년 부산광역시, 부산문화재단 〈부산문화예술지원사업〉으로 지원을 받았습니다.

* 잘못된 책은 바꾸어 드립니다.